笺事

花笺信札及其他

薛冰 —— 著

台海出版社

图书在版编目（CIP）数据

笺事：花笺信札及其他 / 薛冰著 . -- 北京：台海
出版社，2021.11

ISBN 978-7-5168-3142-7

Ⅰ.①笺… Ⅱ.①薛… Ⅲ.①信纸－收藏－中国
Ⅳ.① G894

中国版本图书馆 CIP 数据核字 (2021) 第 190853 号

笺事：花笺信札及其他

著　　者：薛　冰	
出 版 人：蔡　旭	封面设计：卿　松
责任编辑：吕　莺	

出版发行：台海出版社

地　　址：北京市东城区景山东街 20 号　　邮政编码：100009

电　　话：010-64041652（发行、邮购）

传　　真：010-84045799（总编室）

网　　址：www.taimeng.org.cn/thcbs/default.htm

E - m a i l：thcbs@126.com

经　　销：全国各地新华书店

印　　刷：北京金特印刷有限责任公司

本书如有破损、缺页、装订错误，请与本社联系调换

开　　本：880 毫米 × 1230 毫米	1/32
字　　数：170 千字	印　　张：7.25
版　　次：2021 年 11 月第 1 版	印　　次：2021 年 11 月第 1 次印刷
书　　号：ISBN 978-7-5168-3142-7	

定　　价：65.00 元

淘书年久，养成了个无奈的习惯，见到有字的纸片，都要伸过头去多看一眼——居然也就时有幸遇，诚应了古人的旧话，道是"十步之泽，必有香草"。

记得是一九九六年的初夏，在南京朝天宫的一家小古玩铺中，意外地发现了一批晚清书札，大多是凌乱散页，少量粘贴在苏州观前街利苏印书社一九二八年排印《木渎小志》的宣纸书页上，据店主说，是从苏州旧家流至南京的。随手粗略翻检，计有三百余帧，多系彩纸花笺，图案达一百余种，不觉心勃勃动，视为奇遇。昔年读《鲁迅书简》和《西谛书话》，对于二位前辈苦心搜求旧笺样编印《北平笺谱》的艰辛，深有感触，既得见此，自不会放过。不无遗憾的是，在我见到之前，已有一位年轻人买去一部分，说是送给他在苏州木渎的外公，后来流入上海一位藏家手中。所以这批信笺中，有些已成零页，内容不完整了。

收藏就是这么一回事，藏品达到一定规模，兴趣就会成倍增长。当然，文人搞收藏，与富家翁搞收藏，那气度是不一样的。文人们少有在拍卖场上一掷千万的雄姿，却偏爱沙里淘金、集腋成裘的过程，相信一个缘字，守持着随遇而安的心态，享受的是闲时手持一纸，品评揣摩。个中滋味，如鱼饮水。

文人收藏最重要的特征，是不满足于藏品的获得与鉴赏，而孜孜于文化内涵的探求。这一探之下，尤令我欣喜，因为我所定居的南京，竟与花笺有着特别的缘分。一则见于史籍的花笺使用，很可能肇始于南京，再则被视为花笺巅峰之作的两部笺谱，《萝轩变古笺谱》和《十竹斋笺谱》，都诞生于南京。

花笺这一专题，遂成为我研究南京城市文化、探索民族文化传统的一个新窗口。

鲁迅先生将《十竹斋笺谱》和清末民初的北平花笺视为可贵的民族文化瑰宝，唯恐其消沉，不惜耗费大量精力与财力促其"复活""回生"。他和郑振铎先生苦心经营的这两种笺谱，当时即成为文人学士喜爱与收藏的对象，而今更是珍如拱璧。然而，正如郑振铎先生所指出，《北平笺谱》中所收集的，多为坊肆之作，至于"诸文士私用之笺纸，每多设计奇诡，绘刻精丽"，因为搜求不易，只能俟以来日。而同在晚清，江南坊肆尤其是文人画士的私用花笺，不乏佳制，亦期待着有人搜集整理。

另一方面，花笺曾是中国书札的重要载体，花笺收藏与书札收藏难以截然区分，花笺研究与书札研究固可兼而为之。书札因涉保密，寄发必用封缄，而既往封缄研究多局限于某一时期或某一形式，纵览其演变历史，亦是一项值得做的工作。

本书第一辑的三篇文章，简述笺纸、书札与信封的前世今生，溯渊源，析变异，是我的些许心得。

在传统花笺生产衰落以后，中国的书信文化并没有随之消亡，而是凭借新的载体，焕发辉光。今天收藏者接触较多的，正是繁复多样的现当代书札。以现代机制纸书写的信件，同样在拍卖会上屡创佳绩。亦如藏书不能局限于雕版印刷，书札收藏显然也不应止步于花笺。然而，除了名家书信或有人出版研究之外，对于书信载体的现代流衍，同样少有人归纳梳理。

本书第二辑的七篇文章，即以实物为例，将近代以来的书札载体，分门别类予以介绍。于晚清江南坊肆花笺及文人制笺，或可窥此一斑而知全貌。现当代书札与相类纸品衍生变化的析解，也会对收藏者有所启发。

旧时纯粹出于欣赏与珍爱的收藏家，今天已经很少。对物的占有、对钱的崇拜，都使收藏中的投资成分日甚一日。即此而言，书札收藏蜕化为名家书札收藏也就不足为奇。如学者书札最为当世所重，其人、其文、其字俱臻佳境者，尤为难得。名家书札固有其特殊意义，然而实物不可多得，除了不算少见的代笔情况外，且不断有人伪造古今名家书札以牟利。附庸风雅之人，往往落入圈套。财力雄厚者能在拍卖场上奋勇一搏，固是快事，但对于更多的收藏爱好者来说，不妨另辟蹊径，在个人条件允许的情况下，同样可以得到收藏的乐趣。

即如集邮有专题集邮，收藏书札亦可有专题。这专题可以预先设定，如专收某一类人所写的书札，或专收某一时期、某一地域、某一内容的书札。这就需要长期坚守的耐心和韧性。当然，根据自己的便利条件设定专题，较易见成效。我在杂志社做编辑时，就保留了相当数量的学者、作家来信。不过我生性疏懒，从未刻意搜求，对于当代文人，即有交往，亦不曾专门写了信去，以图换取对方的回信。

更多的时候，则是顺应机缘，尤其是碰上成批流出的书信，总以尽量完整收下为好，不应只选名家而轻弃其余。这些年里，我收到过民国年间中央大学和金陵大学的校务函件，抗战期间南京同仁堂与北京总号的往来信件，一九四九年春普丰面粉公司南京总公司致青岛分公司、上海分公司的复写信稿，江苏医学院推荐、聘用教授的往来函件等，以及数十个家庭延续数年甚至数十年的家书。平民百姓的家书日益为研究者所关注，时间持续越长，文献价值就越高。这每一批信件，都从一个侧面反映出特定的社会和文化形态，也即文人收藏所注重的人文内涵，都可以形成一个颇富意趣的小专题。

清人洪亮吉曾将藏书家析为数等，以"搜采异本，上则补石室金匮之遗亡，下可备通人博士之浏览"者为收藏家，这一标准似也可移用于书札和纸品收藏。

感谢出版社提供这个平台，让我可以用这一本小书的形式，对书信文化与书札类纸品收藏，做一回系统梳理，与朋友们分享。

目录

目录
目录

第一辑

一　花笺光华 /　001

二　尺牍留真 /　025

三　封缄故事 /　047

第二辑

一　零落江南的晚清花笺 /　071

二　画人文士的闲情逸趣 /　097

三　诗笺唱和见世情 /　113

四　现代笺纸与新制花笺 /　129

五　名纸、拜帖与贺卡 /　161

六　明信片与请柬 /　185

七　杂纸小品 /　201

后记 /　221

第一辑

一 花笺光华

选自《十竹斋笺谱》

笺的本意，指狭而小的竹片。在纸张出现之前，人们以竹简作为书写载体，遇到需要标识的地方，就用这种小竹笺系在简策上，以后被借指一种精美的小幅纸张，供文人墨客写信或题诗之用，俗称信笺、诗笺。由于笺纸多印制精美，又有花笺、彩笺、锦笺之美誉。本书旨在介绍书札的收藏与欣赏，所以先从古代书信最富于特色的载体——花笺说起。

花笺很可能肇始于南朝。南朝文学家徐陵在《玉台新咏序》中，曾提到以"河北胶东之纸"制作的"五色花笺"。梁江洪有《为传建康咏红笺诗》："杂彩何足奇，唯红偏作可。灼烁类蕖开，轻明似霞破。镂质卷芳脂，裁花承百和。且传别离心，复是相思里。不值情牵人，岂识风流座。"于彩笺中尤推重红笺。《南史·后主纪》载，陈后主君臣宴会，先命张丽华等八妃嫔"襞彩笺制五言诗"。只是没有实物可供验证。也有人认为笺纸的出现可能早到东晋，宋代高承在《事物纪原》中说，"《桓玄伪事》曰：玄令平淮作青赤缥桃花纸。又石季龙写诏用五色纸。盖笺纸之制也，此疑其起也。"桓玄是东晋后期将领，篡晋自立，石季龙是十六国后赵皇帝，更早于桓玄几十年。不过当时尚没有花笺之名。

到唐代，花笺已在诗人墨客中流行。"花笺一何荣，七字谁曾许"（欧阳询），"应笑病来惭满愿，花笺好作断肠文"（皮日休），"金屋瑶筐开宝胜，花笺彩笔颂春椒"（崔日用），"花笺制叶寄郎边，的的寻鱼为妾传"（晁采），《全唐诗》中涉及花笺的诗句甚多。近人黄濬在《花随人圣庵摭忆》中说花笺："至唐始粲然大备，段成式自制云蓝纸以赠温飞卿。韦陟以五彩笺为书记，使侍妾主之。李峤咏纸诗：'云飞锦绮落，花发缥红披。'杨巨源酬崔驸马惠笺诗：'浮碧空从天上得，殷红应自日边来。'皆是唐人尚杂色彩笺之证。"

唐代女诗人薛涛晚年隐居成都浣花溪畔，溪水宜造纸，当地人多以此为业。薛涛因喜写小诗，嫌市间笺纸面幅过大，又生性爱红，乃请工匠专门制作"深红小彩笺"，"裁书共吟，献酬贤杰"，遂风行一时，流传后世，人称"薛涛笺"。（图 ❶ 成都望江楼公园雕印薛涛笺）薛涛所制深红彩笺，为人所喜，传说纷纭，后世仿制不断。五代十国时的前蜀皇帝王衍，曾以霞光笺赏赐臣下，后人以为即薛涛笺一类。南宋范成大也颇爱并看重这种红笺，但因它是用胭脂染色，虽然靡丽，却难以持久，尤其经过梅雨季节的湿热，便"色败萎黄"，使范公引为恨事。郑振铎先生在《插图本中国文学史》中，说薛涛"好制松花小笺"，或者就因为所见是这种褪了色的薛涛笺。至明代宋应星《天工开物》中指薛涛笺以"芙蓉皮为料煮糜，入芙蓉花末汁"，恐怕未必是唐代的本事了。

彩笺之外，还有一种鱼子笺。陆龟蒙、皮日休都有谢人赠鱼笺诗，

图 ① 成都望江楼公园雕印薛涛笺

形容它"捣成霜粒细鳞鳞""指下冰蚕子欲飞",大约是白纸经砑压而形成鱼子纹。北宋朱长文《墨池编》中记载,"又以绢布,先以面浆胶令劲,隐出其文者,谓之鱼子笺,又谓之鱼卵笺",或者就是用这浆硬的绢布作为砑板。王稼句先生《看书琐记二集》中有一篇《苏州粉笺美如花》,记唐、宋花笺掌故甚丰,有兴趣的朋友可以一读。

宋人米芾《评纸帖》中,赞扬"纸细无如川纸"。元人费著专门写了一部《蜀笺谱》,说到蜀中的笺纸名目,"有玉板,有贡余,有经屑,有表光",所用原料各不相同。笺纸"以人得名"的,除薛涛笺之外,还有

图❷ 成都望江楼公园制《薛涛笺》函

谢公笺,为黄庭坚的岳父谢景初所创制,"有十色笺:深红、粉红、杏红、明黄、深青、浅青、深绿、浅绿、铜绿、浅云"。其实唐人韩浦已有诗写道"十样蛮笺出益州,寄来新自浣花头",看来谢氏"十色笺"当是有所本的。一九八〇年成都望江楼公园曾雕印《薛涛笺》函一种,多取花鸟图案。(图❷成都望江楼公园制《薛涛笺》函)近年西泠印社印制有《十色薛涛笺》。

与米芾同时代的苏轼、黄庭坚、梅尧臣、陈师道等人诗

集中，多有向人索纸、谢人赠笺之作，足见讲究诗笺成为文人时尚。而笺纸名色，又有碧云春树笺、龙凤笺、团花笺、金花笺等。周邦彦词中有句"更花管云笺，犹写寄情旧曲"，后人释为云状花纹的笺纸。不过这种种印花，很可能并非色印，而是砑印。宋陶毂《清异录》中记载："姚颛子侄善造五色笺，光紧精华。砑纸板乃沉香，刻山水、林木、折枝、花果、狮凤、虫鱼、寿星、八仙、钟鼎文，幅幅不同，文缕奇细，号砑光小本。"姚颛是五代时长安人，历事后梁、后唐、后晋三朝，居官碌碌无为，而子侄辈乃有财力为此新奇。砑花之法，是先在木版上雕出阴线图案，

覆以薄而韧的彩色笺纸，然后以木棍或石蜡在纸背磨砑，使纸上产生凸出花纹。砑纸版用沉香木，取其坚硬，不易变形。

这种砑花之法，实为后世拱花工艺的先声，而且直到晚清仍有应用。

元代流行的蜀笺，还有百韵笺，面幅较常见笺纸宽得多，"可以写诗百韵"，常见二百句，至少是一千字；青白笺，"背青面白"；"学士笺，长不满尺；小学士笺，又半之"。薛涛笺大约要算最小巧的一种。蜀笺似都是单色彩笺，只有"仿姑苏杂色粉纸"的假苏笺，则"印金银花于上"。

明人屠隆《纸墨笔砚笺》中，也说到江南的绍兴在元代除生产彩色粉笺、蜡笺、黄笺、罗纹笺外，还有"花笺"。由此揣想，印花于笺之法，或先已流行于江南，方又传入四川。

总体而言，直到明代中叶，笺纸的制作还是比较朴素的。（图❸朴素笺）爱别出心裁的文人，往往在笺纸形状上做文章，如屠隆在《游具笺》中提到的一种叶笺，取自苏州产的罗纹笺纸，以蜡板研出树叶纹，再剪成树叶形状，红色的剪为枫叶，绿色的剪为蕉叶，黄色的剪为贝叶，旅游时忽发诗兴，便写在这种叶笺上，让它随风飘扬，逐水浮沉，以为雅事。万历年间，宫廷内使用的是"细密洒金五色粉笺"，市面上则出现了"印金五色花笺"，而以"吴中无纹洒金笺纸为佳"。又有松江潭笺，"以荆川连纸，褙厚研光，用蜡打各色花鸟，坚滑可类宋纸"。屠隆认真记录下了造金银印花笺和松花笺的方法，想必在当时尚属新鲜事物。这些笺纸，虽然富丽华贵，却谈不上典雅俊逸，流行也不算广。

万历年间进士谢肇淛在《五杂俎》中，颇感慨"今世苦无佳纸"，"柬帖腐烂不必言，绵料白纸颇耐，然涩而滞笔。古人笺多研光，取其不留也"。研光，是用平滑的石头碾磨纸张，使其密实光亮，书写流畅。研纸的工具不限于石，宋陶穀《清异录》中记载了一段南唐轶事："舒雅才韵不在人下，以戏狎得韩熙载之心。一日得海螺甚奇，宜用滑纸，以简献于熙载云：海中有无心斑道人往诣门下，若书材糙涩逆意，可使道人训之，即证发光地菩萨。熙载喜受之。"这封短信，固是书札趣闻，更重要的是见证了古人研纸以便书写的史实。谢氏认为薛涛笺较佳，"但价太高，寻常岂能多得"，高丽茧纸可用，比薛涛笺便宜，问题是"岁久则蛀"。至于当时流行的毛边纸，"稍湿即腐，稍藏即蠹"，是"纸中第一劣品"，但因为光滑宜书，价格又便宜，所以为世人所喜用。谢氏曾试用过一种改良的毛边纸，"是毛边之极厚者，加以香料，而打极紧滑，书不留手，甚觉可喜，但未知耐藏否耳"。如此斤斤计较于用纸的谢氏，倘能得见此后花笺发展的巅峰，不知会作何感想。

明人李克恭在《十竹斋笺谱》首卷的序言中，对花笺的发展有一个简要的概括，说嘉靖、隆庆以前，"笺制朴拙。至万历中年，稍尚鲜华，然未盛也，至中、晚而称盛矣。历天、崇而愈盛矣"。清人缪荃孙在《云自在龛随笔》中引明末孙燕贻的话，也说万历二十九、三十年间（1601—1602），"多新安人贸易于白门，遂名笺简，加以藻绘。始而打蜡，继而揩花，再而五彩，此家欲穷工极妍，他户即争奇竞巧，互相角胜，则花卉鸟兽，又进而山水人物，甚至天文、象纬、服物、彩章，以及鼎彝珍玩，穷极荒唐幽怪，无不搜剔殆尽，以为新奇，月异而岁不同，无非炫耳目以求售"。

徽州出版商在南京开打的一场"花笺市场争夺战"，促成了天启、崇祯年间的花笺"愈盛"，其标志就是两部集大成的笺谱——《萝轩变古笺谱》和《十竹斋笺谱》的问世。

《萝轩变古笺谱》是我国现存最早的一部笺谱，由江宁人吴发祥在天启六年（1626）于南京刊成。（图 ❹ 萝轩笺）

以萝轩为号的吴发祥，住在南京南郊牛首山下秦淮河畔，活到八十岁以上，是位博学长者。据颜继祖《笺谱小引》所述，笺谱的绘、刻、印，均出于吴发祥之手，他"刻意标新，颛精集雅。删诗而作绘事，点缀生情，

花斗

蘿軒篸

触景而摹简端，雕镂极巧。尺幅尽月露风云之态，连篇备禽虫花卉之名。大如楼阁关津，万千难穷其气象，细至盘盂剑佩，毫发倍见其精神。少许丹青，尽是匠心锦绣，若干曲折，却非依样葫芦"，所以这部笺谱"固翰苑之奇观，实文房之至宝"。然而，当年作者或乏于财力，印制不多，身居郊野，流传有限，故从未见于前人著录。如今全谱仅存孤本，珍藏于上海博物馆，残本亦只日本藏有半部。

《萝轩变古笺谱》分上下二册，版心框高二百一十毫米，宽一百四十五毫米，白口，四周单阑。上册存四十九叶，计颜继祖《笺谱小引》三叶、目录一叶，画诗十叶、筠籖六叶、飞白四叶、博物四叶、折赠六叶、珊玉六叶、斗草八叶、杂稿一叶；下册存四十五叶，计目录一叶、选石六叶、遗赠四叶、仙灵四叶、代步四叶、搜奇十二叶、龙种四叶半、择栖五叶半、杂稿四叶。有人猜测笺谱的原貌或是一百叶。其画面取材十分广泛，远远超越了此前洒金印花的单调，而且针对旧笺"支离入俗"之弊，力求符合文人墨客的逸情雅致。吴发祥在为笺谱命名时，特别突出了"变古"，明确提出"我辈无趋今而畔古，亦不必是古而非今。今所有余，雕琢期返于朴，古所不足，神明总存乎人"，敢于在继承传统"神明"的同时，对"古所不足"有所弥补。具体而言，就是摒弃前人的"藻绘争工"，以清新淡雅的象征手法来表现内蕴丰厚的典故。如以一只装载书画的小船，暗喻米芾的酷嗜书画、行止不离。民间工艺中早有以八仙所持之物代人的"暗八仙"，吴发祥的"变古"可谓异曲同工。

《萝轩变古笺谱》最重要的贡献，则是在花笺制作工艺上，彩色套印的"饾版"和具有"凹凸"效果的"拱花"两种技法的运用。

图⑤ 萝轩饾版笺

饾版是彩印版画技艺中的一大飞跃（图 ❺ 萝轩饾版笺），也是印刷史上的重要里程碑，是世界上最早的套版彩印技术。早期的彩印版画，如《程氏墨苑》，是在同一块雕版上，对不同的图案涂以不同的颜料，然后铺纸一次刷印而成，不同色彩往往相互混淆，印刷效果不理想。饾版则是为每一种颜色的图案专刻一块版，甚至每一种颜色还要分成从浅到深的若干块版，然后从淡色到深色逐次套印或叠印，构成了真正意义上的彩色套印。《中国印刷史》中详细地介绍了这种"很细致复杂的工作"："先勾描全画，然后依画的本身，分成几部，称为'摘套'。一幅图画往往要刻三四十块板子，先后轻重印六七十次。把一朵花或一片叶，要分出颜色的深浅，阴阳向背，看起来好似北宋人的没骨画法。这样复制出来的画，最善于保持中国绘画的本色和精神。"也正因为如此，对于绘、刻、印三方面都有极高的要求，哪一方面稍弱，都会影响到作品的成功。

　　拱花是在木版上雕成图案纹线凹陷的"阴版"，经砑印使纸面拱起而富有立体感的技艺，不

图 ❻ 拱花笺

但雕工艰难，印工要求也极高。砑印之法，是将宣纸拉到雕成的阴版上，覆以较薄的羊毛毡，再以木制拱花锤用力旋转挤砑，使形成的图形高出纸面。（图 ❻ 拱花笺）此法虽在宋代已见于记载，但工艺到此时更为成熟。成功的拱花作品，不用色彩，就能以浅浮雕的效果表现出生动的图案。《萝轩变古笺谱》中的飞白、珊玉，即属此类。笺谱木刻气息厚重，色彩沉穆淡雅，多用线条勾勒，几乎没有使用渲染、烘托的画法。尽管从饾版、拱花技艺的成熟程度来看，它们的产生应该更早，但在没有发现实证之前，我们只能承认吴发祥的发明权。

与吴发祥的类乎创作自娱不同，十竹斋主人胡正言是先陆续印行花笺，然后才汇印为《十竹斋笺谱》。

胡正言原籍安徽休宁，定居南京鸡笼山下，宅院中种竹十余竿，遂以为斋名。他能诗会画，制墨造纸，以出版为业，又精于篆刻，曾为南明弘光政权镌刻玉玺。从万历四十七年（1619）开始刊刻《十竹斋书画谱》，到康熙十三年（1674）九十一岁去世，胡氏在金陵出版界的活动时间长达数十年，身边常年聚集着众多书画名家和刻印名匠，切磋琢磨，相互浸染，不但雕印出了著名的画谱，对于金陵派雕版彩印技艺的成熟，也有积极的影响。

胡正言很喜欢花笺这种形式，每见绘画佳作，便刻印为花笺，流通于市，颇受好评，并先后印行过多种分类笺谱。明崇祯十七年（1644），他开始汇印全谱，次年完成。可能正是因为国破世乱，前途未卜，他才想到要做这样的总结积累工作。（图 ❼ 十竹斋笺）

《十竹斋笺谱》四卷四册，版心框高二百一十毫米，宽一百三十五

陶潜
青山烟欲瞑狄节
一醉归 古笏斋

图❼ 十竹斋笺

毫米，白口，四周单边。卷一含清供、花石、博古、画诗等七类六十二种，卷二含龙种、胜览、无华、雅玩等九类七十七种，卷三含孺慕、棣华、应求、尚志等九类七十二种，卷四含寿征、灵瑞、宝素、杂稿等八类七十二种，共二百八十三图。博古、雅玩等类，于饾版彩印之外，又多加拱花衬托。无华、宝素等类则纯用拱花，不加色彩。全谱中有拱花作品七十余幅。

《十竹斋笺谱》画幅虽不大，但结构谨严，匀称工整，细腻而不烦琐，明快而多变化。特别是充分运用象征手法和简明形象来表达传统人文典故，如"融梨"画盘中梨果以喻孔融让梨，"周莲"画莲花以喻周敦颐之爱莲，"举案"画几案以喻孟光、梁鸿举案齐眉，均不出现人物。在刻工、印工上比《十竹斋书画谱》有进步，饾版、拱花技艺的运用，也比《萝轩变古笺谱》成熟，且增加了"掸"的手法，更丰富了墨色深、浅、干、湿的变化，逼近绘画效果，诚如郑振铎先生所言"持较原作，几可乱真"。同时人称其"汇古今之名迹，集艺苑之大成，化旧翻新，穷工极变"，不但可作文人案头清玩，而且可供初学绘画者作范本临摹，因之"销于大江南北，时人争购"，不计工价，其影响远远超过了《萝轩变古笺谱》。（图❽南京十竹斋复刻《十竹斋笺谱》）

《十竹斋笺谱》既装订成册，显然是为了便于保存而非使用。尽管胡正言的本意，或只是展示笺纸制作的精湛工艺，但笺纸从书写的载体转而成为收藏的对象，很可能就是兴盛于此时。郑振铎先生在高度评价此谱"臻往古美术图案之绝诣"的同时，也指出它"集当世文士清玩之大成"。

这两部登峰造极的笺谱都产生于南京，不是没有原因的。

首先，明代南京长期作为陪都，是南方的政治、经济、文化中心，汇集着大批官僚商绅，笺简应酬自然就多。江南士子科场应试，人文荟萃，笔墨交往更是不断。社会需求推动了笺纸生产的发展，而市场竞争促使出版商重视提高花笺的质量。前引孙燕贻的话也充分证明了这一点。其次，新兴的市民阶层对于通俗读物的需求，形成了巨大的图书市场，而南京宽松的文化环境，又吸引了当时版刻水平最高的新安派刻工、印工以至出版家，金陵派与新安派版刻技艺交融，遂成一时之冠，为花笺创新提供了技术基础。（图❾十竹斋笺）最后，利玛窦等西方传教士带来的西

图⑧ 南京十竹斋复刻《十竹斋笺谱》

洋印刷品，又引起了南京出版界在艺术上和技术上的思考。虽然没有直接证据说明吴发祥、胡正言受到西洋画"凹凸相"的启发，但时势世风所在，这种影响是可能存在的。

明清易代，南京的花笺制作传统未断。清康熙年间，原籍杭州的李渔在南京开设芥子园，雕印图书名重天下，其中最为美术史家所重视的五色套印本《芥子园画传》，在绘、刻、印三方面都承继明代画笺、画谱

图 ❾ 十竹斋笺

而有所发展。李渔曾翻刻《十竹斋笺谱》，虽下真迹一等，已臻难能之境。在《闲情偶寄》中，李渔专写了《笺简》一节，讨论花笺的图案，以能符合书信本义者为最妙，如鱼书、雁帛、竹刺、蕉叶等，并说到《芥子园名笺》已制成题石、书卷、剖竹、雪蕉等韵事笺八种，织锦笺十种，笺印锦纹，留下空白处供写信，写满后就像一篇织锦回文。最有趣的是，李渔对当时书坊的盗版和抄袭行径大为恼火，声称他精心设计的这些笺帖形式"不许他人翻梓"，否则"誓当决一死战"。由此也可以看出当时花笺市场的繁盛。

嘉庆、道光以降，国力渐弱，列强的大举入侵不止于坚船利炮，同样体现在经济、技术诸方面。在印刷、出版领域，西方新式印刷技术、印刷机械被引进，机械生产替代手工操作，现代管理替代旧式作坊，以其便利快捷、仿真能力强，特别是成本低、价格低而利润高的优势，在短短几十年的时间，就将延续千年的传统版刻技术挤出了市场。黄濬在《花随人圣庵摭忆》中说清中叶只有怡亲王所制"角花笺"，"特大方雅妙"。所谓角花笺，又名押角笺，是在笺纸的左下角，印上各色花卉、器物图案，大不盈寸，而形神生动。民国初年黄氏在琉璃厂德宝斋买到数百张，徐志摩得知后曾向他索去少许。徐志摩喜藏古笺，积得数十种，常与友朋共欣赏。但精致笺纸毕竟大势已去，清末民初之际，"工书亲笔墨者，或自制笺，或不甚措意，随意拉杂皆可，其间相去甚远"，已无从讲究笺纸的精粗高下。

郑振铎先生在《中国古代版画简史》中说，光绪年间，中国版画的从业者们，"像在大沙漠上的绿洲似的，仅能在僻远的地区继续制作年画，

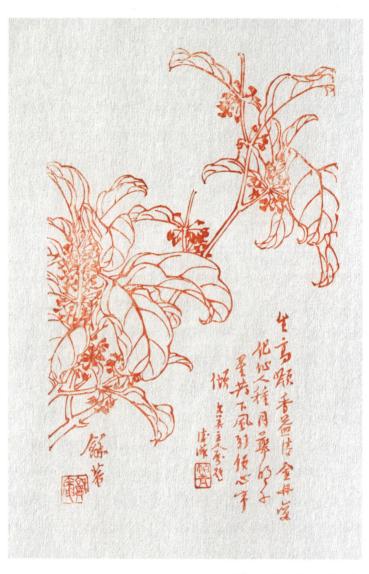

图⑩ 选自张兆祥《百花诗笺谱》

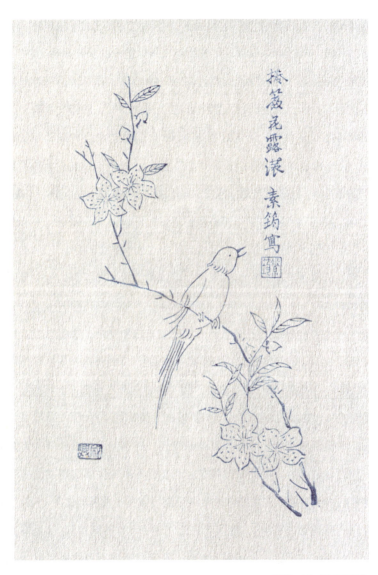

图⑪ 选自《北平笺谱》

或为好事的文人们镂刻'诗笺'而已"。鲁迅先生在《北平笺谱序》中也指出，其时中国版画"仅在新年花纸与日用信笺中，保其残喘而已"，北京纸铺只能依凭"明季画谱，或前人小品之相宜者，镂以制笺，聊图悦目。间亦有画工所作，而乏韵致，固无足观"。光绪中叶，天津文美斋请天津名画家张兆祥（和庵）绘《百花诗笺谱》（图 ❿ 选自张兆祥《百花诗笺谱》），请上海名画家朱偁绘《梦庐花鸟笺谱》，是晚清影响最大的两种笺谱。宣统末年，林琴南自制山水笺，民国初年，陈师曾、林琴南、李瑞清、齐白石、吴待秋、陈半丁、溥心畬、王梦白、金拱北、姚茫父等"画笺高手"介入创作，使花笺制作又兴起了一个短暂的新高潮，艺术上虽胜出文美斋的两种笺谱，但也仅限于小范围的雅玩。郑振铎先生在《访笺杂记》中写道，他在有正书局得诗笺数十帧，"刻的是罗两峰的小幅山水，和若干从《十竹斋画谱》描摹下来的折枝花卉和蔬果。这些笺纸，终于舍不得用，都分赠给友人们，当作案头清供了"。到鲁迅先生和郑振铎先生合力选印"遗范未堕，尚存名笺"的《北平笺谱》，重刻《十竹斋笺谱》，已是花笺时代的最后辉煌了。（图 ⓫ 选自《北平笺谱》）

二十世纪后半叶，书写工具彻底变换，随着钢笔、圆珠笔等完全取代毛笔，书法成为一种高雅的技艺，花笺也几乎失去了实用功能，而成为纯粹的审美对象和艺术品。北京荣宝斋再版《十竹斋笺谱》，上海朵云轩复刻《萝轩变古笺谱》，南京十竹斋复刻《十竹斋笺谱》，都是将其作为欣赏与收藏的对象。也正因为如此，花笺之美才得以淋漓呈露，重放光华。

实用功能减退的物品成为鉴赏收藏的对象，可以说是一个客观规律，陶瓷如此，家具如此，墨砚如此，花笺同样也如此。如果说前辈收集花笺，多数仍以使用为最终目的，二十世纪八九十年代，爱玩花笺的还只是少数艺术家和文人学士，那新世纪以来，花笺已渐成为一种社会性的收藏品。尤其是古代流传下来的花笺，片纸零缣，皆为人所重，甚至成为拍卖会上的宠儿。而各种新制、复刻花笺层出不穷，衍生产品争奇斗艳，花笺的鉴藏与欣赏，也就成了值得细作探研的命题。

二　尺牍留真

选自《十竹斋笺谱》

书信的收藏与花笺的收藏，有些像两个相交的圆，重叠的部分固然不小，但也还有各自的来龙去脉。

今天为鉴藏者所搜求的书信，多是写在纸上的。但纸张出现之前，古人所用的书写材料，则是竹简、木牍和绢帛。简是削成一定规格的竹片，亦借指与简功用相同的书写用品，如长的方木版也称简，而短的方木版则叫牍，尺牍便是长一尺的木版。同样，用于书写的一尺左右的素绢便称为尺素。因为古时诏版长度是一尺一寸，所以称天子的诏书为尺一牍。后世遂将别人的书信称为尺一牍、尺一书，以表示尊重，也简称尺一。狭而小的竹片称笺，小而薄的木片称札。简牍、简札、简帛、简素等名词，均由此而来。纸张出现之后，简、笺、牍、札、尺素等名词，遂被借以泛指纸张、稿纸，进而指代写在纸上的书信。

从简牍到笺纸的转变，是书信史上的一个重大进步，为书写、寄递、阅读和保存书信，带来了很大的方便。

"书信"一词中，现代人常用的是"信"字，古代人多用的则是"书"

字。如《左传·昭公六年》中提到"叔向诒子产书"及子产的"复书"，就是两人的来往书信。《易·系辞上》"子曰：'书不尽言，言不尽意'"，后世常被用来作为书信的结尾，表示写信人的情意不是用文辞所能完全表达的。书、信连用，词义更为明确。现当代的邮局，在晚清便是称作"书信馆"的。

书信的别称很多，如书简、书牍、书素、书疏、书翰、书辞、笺书、笺札、笺简、笺缯、简帖、尺纸等，常用的还有书札和信札。长辈或上级写信训斥是"札饬"，而谦虚地请别人写信教诲称"札海"。《水浒传》第一回中叙高俅出身，先是小苏学士"写了一封书呈，使个干人，送高俅去那小王都太尉处"，后是小王都太尉"写了一封书呈，却使高俅送去"，"书呈"有下对上的含义。类似的还有"书启"，过去衙门里负责起草书牍的师爷，称书启师爷，也被简称书启。

一些与书信相关的事物，也会被用作书信的别称。如书信的功用在通音问，遂称"书问"。古代民间没有专职的邮差，有钱人可以请专人投递，一般人只好托顺路的远行人捎带书信，称为书介、书邮，遂也以"书邮"代称书信。因为邮政不发达，鱼、雁、鸽以至黄狗传书

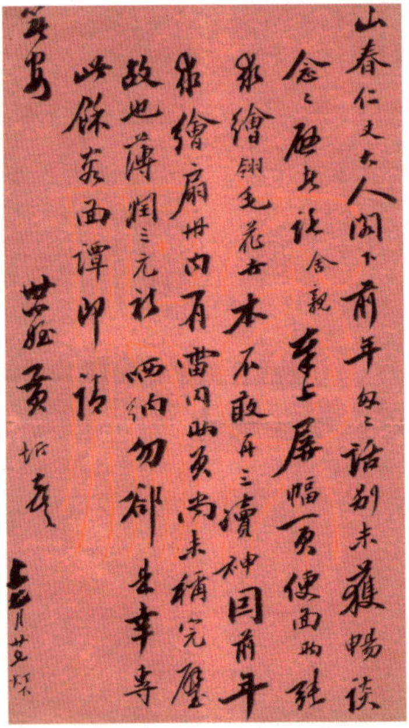

图 1 鱼雁笺

之类的故事在民间广为流传，"双鲤""鲤素""雁足"之类，也都成了书信的代称。（图 ❶ 鱼雁笺）

书信是一种特定的文体，应用于个人与个人、个人与组织、组织与组织之间，交流思想感情或互通信息。这种文体的确立，不会晚于南朝。南朝梁昭明太子所编中国第一部文学总集《文选》，以文体分类，其中的"启""笺""书"等，都指书信。《文选》中也收有以书信为抒写对象的作品，如《古诗十九首·孟冬寒气至》："客从远方来，遗我一书札。上言长相思，下言久离别。置书怀袖中，三岁字不灭。一心抱区区，惧君不识察。"（图 ❷ "客从远方来"笺）南朝宋刘勰《文心雕龙·书记》一节，更是关于书信写作的理论阐述。文中说："笺者，表也，表识其情也。"即笺这种文体是用来表达感情的。刘勰欣赏富于真情实感的书信，"辞若对面"，两个人好像是促膝面谈，推心置腹。刘勰的评鉴被后世奉为圭臬，明人周亮工辑《赖古堂尺牍新钞》，就转录其全文以为序。

书信的写作格式、开头结尾、敬称自署等，都有一定的要求。（图 ❸ 书信格式）这些都属常识，有些繁缛的套语并无实际意义。但前人书信中，有些今人已不熟悉的习惯，还是应该了解的，如对收信人以字、号相称，是表示尊敬，写信人以本名签署，也是表示谦恭。有的书信署名，只写"名正肃""名心印"或"知名不具"等，正肃、心印并不是写信人的名字，是指双方非常熟悉，一见字迹就知道是谁，以此表示亲近。又如文言时期，文章包括书信都不用标点符号，只有长辈写给初学幼童的信，可以用圈点断句，以使其容易读通。写给平辈或长辈的信中如出现圈点，等于将这些人也当作自己的晚辈了，所以被视为大不敬。曾见一些晚清信笺上

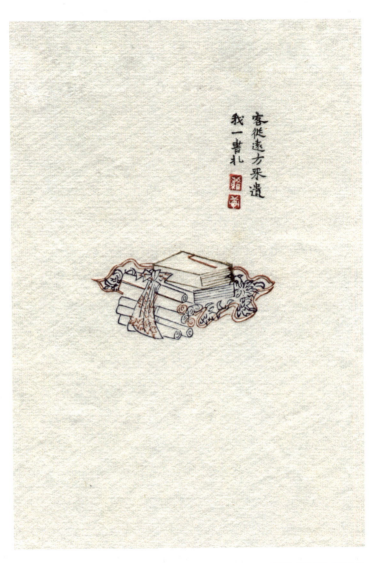

客从远方来，遗我一书札

图❷ "客从远方来"笺

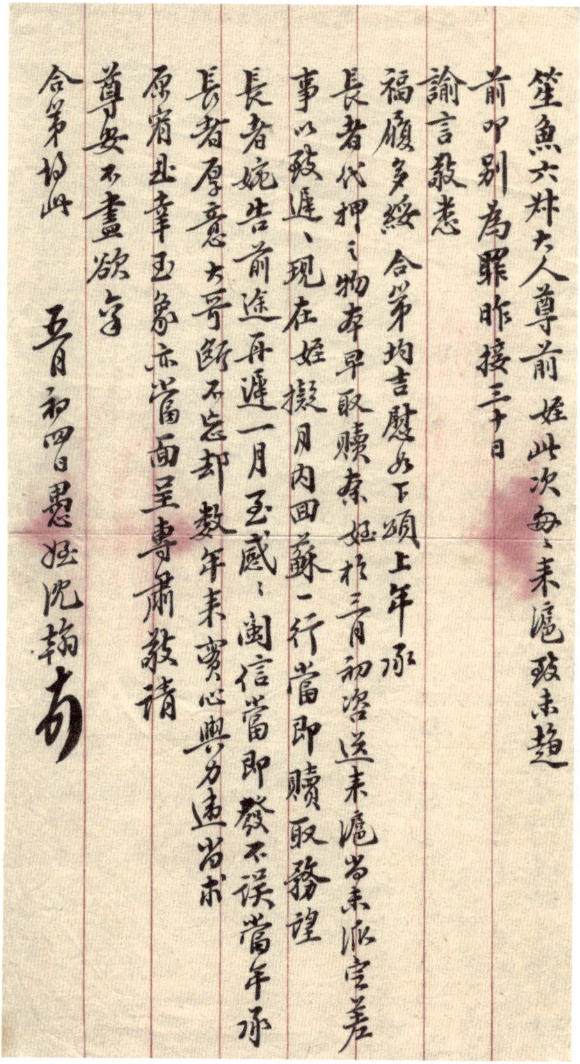
笙魚六叔大人尊前 姪此次母子來滬致未趨
前叩别為罪昨接三十日
諭言敬悉
福履多綏 合第均吉慰如下頌上年承
長者代押之物本早取贖奈姪於三月初啓送來滬尚未派定差
事以致遲遲現在姪擬月内回蘇一行當即贖取務望
長者婉告前途再遲一月至感至感閱信當即發不誤當年承
長者厚意大哥處不忘却數年來實心與力迭尚求
原宥並章玉象亦當面呈壽肅敬請
尊安不盡欲言
合第均此
五月初四日愚姪沈翰[illegible]

图3 书信格式

有圈点符号，细看墨迹有异，当是读信人留下的。（图 ④ 标点笺）民国初年，胡适提倡白话文，所写书信，加上新式标点，收信人读之一目了然。当时文人因其形式新鲜而纷纷收藏。

书信格式随着社会的变化而改变，往往显示出浓烈的时代气息。民国初年，除旧布新，封建时代的书信格式不适用了，市场上很快出现多种应时尺牍指导，如《共和进行尺牍》《简易浅显尺牍》，以至《中华女子尺牍》《男女交际自由尺牍》，一时颇受欢迎。

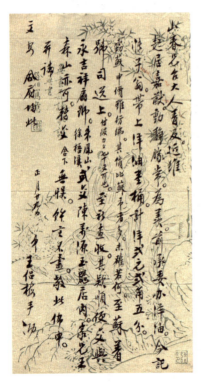

封建时代，下属致上司、晚辈致长辈的信，常见骈四俪六，繁文缛节，形式隆重而内容空洞，非如此则视为不尊重不礼貌。（图 ⑤ 骈体信）不过骈文要写得像模像样，风流典雅，还真得有一定的文字功力，且此类骈体文必须以恭楷书写，没有书法功底亦不敢出乖现丑，所以流传至今的，也成了可贵的标本。

前人论书信写作，在内容上有四忌：一忌浮躁，二忌鄙琐，三忌牢骚，四忌傲慢。在形式上也有四忌：一忌滞晦，二忌冗泛，三忌紊乱，四忌草率。这几条足以抵得过

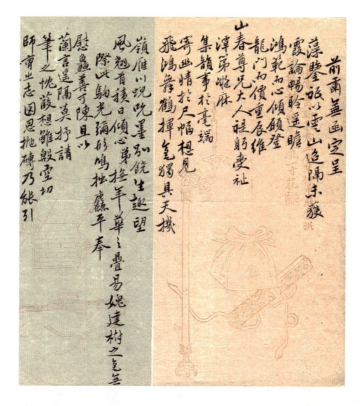

图5 骈体信

大部头的"尺牍规范"。也有人主张书信不必讲究格式，性情所至，随意挥洒，"起非起，止非止，前无头，后无尾"才是高境界。前人短简便笺，抑或如此，而今人电子邮件、短信微信，只言片语，达而已矣，更是完全打破了书信格式的束缚。

书信在版本学中常被归属于稿本一类，但它们又是一种特殊的稿本。书信一般只面对收信者，或者包括其周围的小众人群。这一特性，使得写作者无所顾忌，无须讳饰，故而书信往往更能显露写作者的真情实感，所记录的历史细节或更为接近真相，可以作为研究相关史事的重要参考材料。直到近现代，也极少有人在生前结集出版自己的书信，而写作者逝世后经他人整理出版的书信集，又难免有删节、改动甚至增添，所以只有书信原件的文献价值才更为人所重。就笔者的阅读经验而言，未经删改的书信，远比回忆录与自传靠得住，更不用说他人所撰写的传记了。

同时，书信的行文通常不像准备公开发表的文章那样严谨，书写也较放松率意，甚至偶有涂改，与正式的书法作品常有相差，更见出作者的性情与笔墨真趣，如国画家谢孝思先生致杂志编辑的信，信笔挥洒，且有数处勾补。（图 ❻ 谢孝思札）此类书札小件，过去少有作伪者，故可

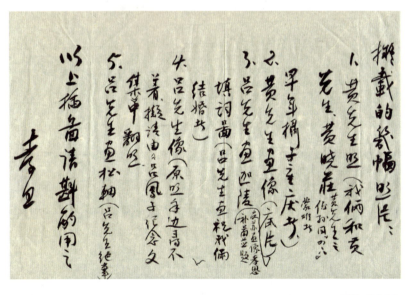

图❻ 谢孝思札

以作为鉴定写作者其他文本的参照物。正因为在内容与形式两方面，书信都具有较高的真实可靠性，所以这片纸零墨，才会成为世人爱重的收藏品。

当然，并不是所有的书信都具有收藏价值。当代集藏尺牍的大家郑逸梅先生，曾提出取舍标准三条："书札之可留存者凡三，一重其人，二重其字，三重其文，否则无取也。至于作为纪念或考证，则属例外。"他曾记录另一位集藏家孙义时的标准五条："一、文章德业为世所称者，二、元凶大憝为世所知者，三、书法特佳可供欣赏者，四、私交特厚堪留纪念者，五、有关掌故或学术探讨者。"对于其中的第二条，郑逸梅先生也是赞同的，他在《尺牍丛话》中写道："君子不以人废言，予有集札癖，亦不以人废札，即无行损德者流，予兼收而并蓄之，绝不歧视也。"简而言之，书信收藏的取舍标准主要在于写信人，而无关乎收信人。当然，如果收信人也能有相当的声望，此信的价值自然更高。

早期的书信收藏，主要是收藏他人写给自己的书信，也就是出于纪念的目的。现存最早的两件民间书信，是一九七五年底在湖北云梦睡虎地四号秦墓进行考古发掘时发现的。这两封保存完好的木牍家书，是写给同一个人的。据专家分析，寄信人黑夫和惊是在淮阳服役的秦军士兵，收信人中（衷）则是他们的兄弟，信件可能是服役期满还乡的士兵带交的，其内容是士兵希望母亲为他们置办夏衣或寄钱给他们自办。这两封家书竟被作为收信人的殉葬品，可见当时家书为人所珍视的程度。

《汉书·游侠传》中说，陈遵为人豪侠，"性善书，与人尺牍，主皆藏去以为荣，请求不敢逆"。收信人以为能同陈遵有交往，是光荣的事情，不但满足了他的请求，而且把那信件收藏起来以为纪念。这可能是最早见于记载的尺牍收藏活动。明人谢肇淛在《五杂俎》中记载，唐代宣州陈氏是制笔世家，家中藏有王羲之向其祖先求笔的帖子，无疑是制笔世家最好的证明。

郑逸梅曾将已去世好友的手迹，装成一册，标为"人琴之恸"，在世好友的书信，则装为"长毋相忘"二册，自然也是纪念的意思。（图 ❼ "长毋相忘"笺）

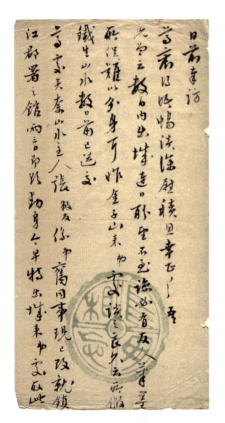

图❼ "长毋相忘"笺

然而，收藏他人写给自己的信，在某些历史时期，也会成为罹难的根由。古代文字狱、瓜蔓抄，书信常被作为定案的铁证。难怪古人常于书信末尾，嘱人阅后即烧去。

《五杂俎》中说："自晋以还，始尚小牍，然不过代将命之词，叙往复之事耳。言既不文，事无可纪。而或以高贤见赏，或以书翰为珍，非故传之也。"晋代以来的书信，内容没有多少可取之处，只因为寄信人的名声大或书法好，故而为人珍视。民国年间编印《历代名人小简》的吴曾祺，也强调小简虽小，但忌草率、忌仓促、忌平淡、忌庸俗，只有随笔所至，言有尽而意无穷，方为上品。他认为传世的魏晋短札，常寥寥十余字，全无意义，后人贵其书法而宝藏，就不入他的法眼。

不过，欣赏书法无疑是集藏信札的重要动因之一。（图❽素纸笺）比如书圣王羲之的《十七帖》，就都是随手所写的简札，被历代文人奉为书法典范。"书帖"一词也被用作书札、束帖的代称。宋沈括《梦溪笔谈》中，说到当时所见传世的东晋南朝墨迹，多属吊丧问病的书简，因为"唐贞观中购求前世墨迹甚严，非吊丧问疾书迹，皆入内府。士大夫家所存，皆当日朝廷所不取者，所以流传至今"。宋赵令畤《侯鲭录》中记载了一段轶事，说苏东坡任翰林学士时，皇城使姚麟喜爱他的书法，其友韩宗儒好吃，常常拿了苏东坡的书札去，可以换到十几斤羊肉。黄庭坚曾同苏东坡开玩笑，说当年王羲之有换鹅书，你的字可以算是换羊书了。苏东坡一笑置之。某日他正在忙着为皇帝起草文书，韩宗儒接连派人送了几封信来，以期换得苏东坡的回信。韩家仆人守在院子里不停地催，苏东坡忍不住笑了，对仆人说，回去告诉你家主人，今天断屠，没有羊肉可吃。他们不会想到，如今苏东坡的《功甫帖》，九个字能卖出五千余万元。清朝的刘墉，就是电视剧里大名鼎鼎的刘罗锅，书法也为人所重，有人常常赠送食物给他，刘墉一定写短札致谢，那人因此集得数十通，装裱成一巨册。

郑逸梅描绘在明窗净几间展玩友朋来信的乐趣："仿佛数十百人之言动状态，涌现于予眼前，且字体不同，标格各异，有瘦劲如铁虬者，有拙朴如古彝器者，或温润如花之垂露，或雄健似剑之拔而弩之张，或

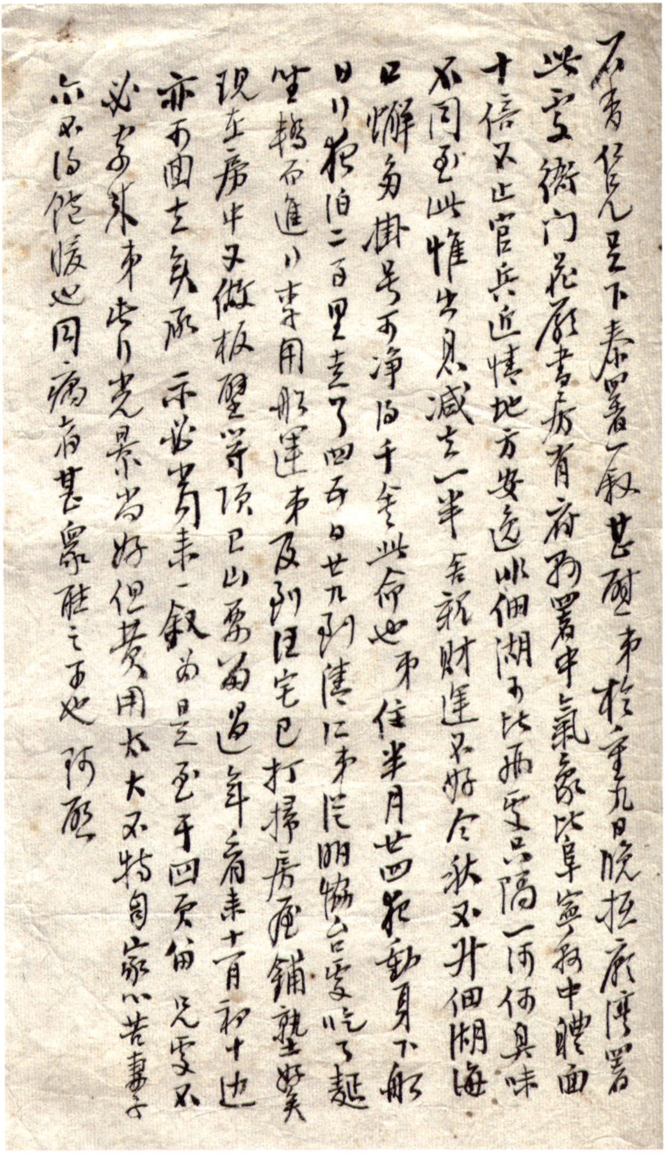
石青賢兒足下春署一叙甚慰弟於重九日晚抵麻陽署
此寔衙門花廳書房有府署中氣象比阜寧衙中體面
十倍又此官兵近情地方安逸非佃湖可比兩處只隔一河何其味
不同至此惟出息減去一半舍親財運不好今秋又升佃湖海
口辦勇掛號不淨陷手令此命也弟住半月廿四起動身下船
日行程泊二百里走了四五日廿九到津仁弟陪明協台處吃了一趟
生鵝不進小菜用船運來及到舊宅已打掃房屋鋪墊好矣
現在房中又做板壁等項已出票當過年前來十月初十邊
亦可回去矣承示必當來一叙若是至年四更留兄定不
必去外來省費景當好但是用太大不特自家心苦妻子
亦不得飽暖也因病肩甚軍醉之至也阿厥

图8 素纸笺

严正似直士之靴笏立朝，而幸臣退避，或妩媚如夭桃满树，美女游春，绣陌钿车，人窥颜色，致趣种种，聚于尺幅之间，非其他纪念品所得而及也。"

我工作后，留心收集老文化人的手泽，除师友往还信件皆悉心保存外，历年来收得数十位先生流散书札百余件。闲来欣赏，各有意趣。也有一些书画家的手札，如宋玉麟先生写信向索字的前辈解释自己不擅书法，但最终还是写了："书道余不擅，故一直未能动笔。尊长再三催之，只能勉力为之。"也是一种有趣的掌故。（图 ❾ 宋玉麟函）

不过名人手札毕竟流传有限，不易多得，西方印刷技术传入中国以后，石印、影印出版名人手札遂成风气，种类繁多，以满足一般爱好者的需要。如平襟亚曾辑印《五百名家尺牍字帖临范》，上自东晋谢安，下至晚清谭嗣同、吴大澂，兼为范文与字帖。就出版者与购藏者而言，固可分两类，一类以其有史料或学术价值，足资研究参考；一类可能还是作为书法欣赏，或纯属爱玩。（图 ❿ 安酒意斋尺牍）

作为书信或散文写作的范本，也是古人收集名家书信的重要原因之一。

《五杂俎》中对古人书信评价很高："古人不作寒暄书，其有关系时政及彼己情事，然后为书以通之，盖自是一篇文字，非信手苟作者。如乐毅复燕昭王，杨晖报孙会宗，太史公复任少卿，李陵与苏中郎，千载之下，读其言，反覆其意，未尝不为之潸然出涕者，传之不朽，良有以也。"谢肇淛对晚明大量编印的时人书信，批评得十分严厉："今人连篇累牍，半是颂德之谀言；尺纸八行，无非温清之俚语。而灾之梨枣，欲以传后，

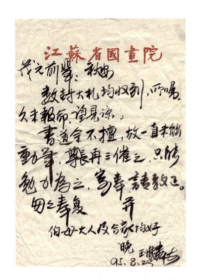

图⑨ 宋玉麟函

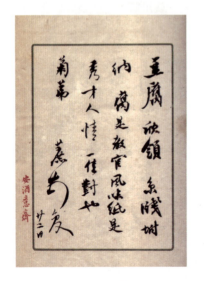

图⑩ 安酒意斋尺牍

其不知耻也亦甚矣。"

但明代中后期，一则小品文成为时尚，一则出版业迅猛发展，汇印名人书札的潮流，绝不是谢肇淛所能阻挡得了的。公安三袁的作品集《袁中郎全集》《珂雪斋近集》中，都收录了大量书信。专门征集名流短札刊印的《如面谭》《写心集》等，也以其典雅风华、言简意赅而风行一时。到了清代，又有人极力推崇明人尺牍，批评当世书信写作不佳。然而袁枚的《小仓山房尺牍》，以及两位绍兴人所著的《秋水轩尺牍》《雪鸿轩尺牍》，同样流播甚广，被人一注再注，作为书信写作的规范。旧时文人对于女性书简尤为癖好，曾见一种《历代名媛尺牍》（图⑪《历代名媛尺牍》），竟收有西王母、上元夫人、麻姑的尺牍，可见其荒诞不经。

民国年间，又有人编印《唐宋十大家尺牍》，收韩愈、柳宗

图⑪ 《历代名媛尺牍》

元、欧阳修、苏老泉、司马光、王安石、曾巩、苏轼、黄庭坚、吕祖谦等人作品；《明清十大家尺牍》，收王夫之、顾炎武、侯方域、姚鼐、吴锡麒、钱谦益、尤侗、方苞、归有光、王韬等人作品；《近代十大家尺牍》，收曾国藩、俞樾、吴汝纶、王先谦、王闿运、樊增祥、康有为、林纾、章炳麟、梁启超等人作品。尽管所选未必确当，然而迎合了人们热衷十全十美的心理，这种生意经是成功的。商务印书馆也曾请许指严辑成《昭代名人尺牍》，并有详尽注释，可惜还没来得及印出，就因"一·二八事变"，随涵芬楼藏书一同化为灰烬。更有甚者，出版商们编印了不胜枚举的《书信作法》《写信指南》，各种行业专用尺牍，以至《情书规范》，还有人编出《尺牍辞典》。照此写出的书信，自难免千人一面，千篇一律。鲁迅先生在《花边文学·一思而行》中所说"看郑板桥《道情》一遍，谈幽默十天，买《袁中郎尺牍》半本，作小品一卷"，就是对此现象的讽刺。

当然新文学作家并不排斥书信这一文体。他们的书信结集也时有问世，其中最有名的，如鲁迅与许广平《两地书》、徐志摩《爱眉小札》以及《朱湘书信集》等。以书信体作游记甚至写小说的新文学作家也不在少数。

对于书笺的欣赏，是人们搜集书信的又一个原因。

古人看重自己的字，用纸颇为讲究。据说汉代蔡邕非纨素不肯下笔，魏晋人的墨迹流传下来的，都是写在好纸上。北宋曾有人发感慨，说时人"不择纸而书"，是对自己的字不负责任，有人喜欢用前代流传下来的故纸，而故纸保存年代必短，乃是字之"大厄"。其实魏晋人未必不用普通纸以至劣纸，而大量书法作品的被淘汰，更不是因为纸张不佳。

到了南宋，国力维艰，要提倡节约了。叶寘的《爱日斋丛钞》中，便对惜用旧纸大加赞扬："王沂公以简纸数幅送人，皆他人书简后截下者。晏元献凡书简首尾空纸，皆手自剪熨，置几案以备用。王文康平生不以全幅纸作封皮。诸公皆身处贵盛，俭德若此。"惜纸自此成为传统，当代对文人以至政客的赞美中，还不时可见类似言词。实则人不能时时处处都想着流芳百世，挑剔既少，方便才多。

笺纸的优劣，以功能计，自应以是否宜书写、宜保存为标准。今人不再以使用为目的，所以笺纸的图案花色更为人所看重。（图 ⑫ 十竹斋笺）除前文所述花笺之精美外，旧时女性所用笺纸，常染以香气。据说将笺纸和香料一起放在近火之处，香气散发较快，为纸所吸收，对方拆信时，犹馥郁袭人。这样的香笺，不是寄送闺中密友，就是寄给挚爱情人的了。

此外，书信的特殊文献价值，也为学术文化界所关注。书信记述史事较为可靠，而以书信讨论问题，相互辩难，古已有之，在现代邮政畅通的情况下更为方便。近年出版了大量论学书信集，如陈介祺与潘祖荫、王懿荣、鲍康、吴云、吴大澂等人论金石考据的《秦前文字之语》《罗振玉王国维往来书信集》《陈垣往来书信集》《汪康年师友书札》《艺风堂友

图 ⑫ 十竹斋笺

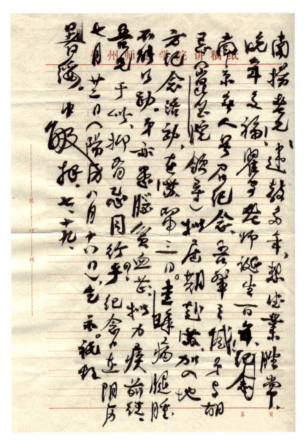

图 ⑬ 任中敏信

朋书札》等。顾颉刚编撰的巨著《古史辨》中，也引录了大量论学书信。

文人学者的书信实物自然更为人所重视。（图 ⑬ 任中敏信）

最后，是书信的稀缺性已经明显呈现。随着电话、手机等通信工具的普及，特别是电子邮件的使用、微信的流行，以纸张写信件的人越来越少，纸本书信竟有渐成凤毛麟角之势。

上述诸点，能占其一者，即已有收藏价值，而书信兼而有之，岂能不令搜求者与日俱增！名人书札可以卖钱，早为人所认识。时至今日，旧年笺纸、名家书札皆成藏界新宠，且被视为一种投资对象，在拍卖会上频频亮相。二〇〇九年五月三十日，中国嘉德拍卖公司古籍善本专场春季拍卖中，"陈独秀等致胡适信札"十三通二十七页以五百五十五万四千元人民币拍出，但随即被国家文物局行使国家优先购买权，按照成交价优先购藏。中国政府首次行使这一方式的文物优先购买权，即是购藏名家信札，由此也可以看出，名家信札以其特有的历史价值和文献价值，受到学术界和国家收藏机构重视的程度之高。

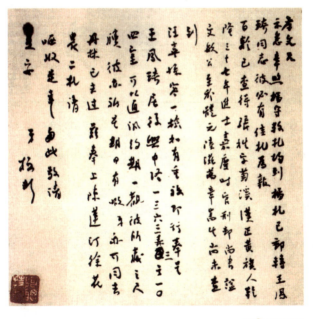

图⑭　郑逸梅札

过去的书札收藏者，与集邮者一样，相互观摩研究，也以藏品交换，互补缺遗。曾见郑逸梅致孝文函，所谈即此类事："章煦、杨守敬札均到。杨札已邮转王凤琦同志，彼必有佳札为报。百龄已查得，张姓，字菊溪，汉正黄旗人，乾隆三十七年进士，嘉庆时官刑部尚书，谥文敏公。至于体元、陆滋万、章嵩生尚未查到。汪辜孙容一检，如有重复，即行奉呈。王凤琦居复兴中路一三六三弄三号一〇四室，可以通讯，约期一睹彼所藏之尺牍。彼亦只星期日有暇，弟亦可同去。丹林已去过。兹奉上陈莲汀、徐花农二札，请哂收是幸。"（图⓮郑逸梅札）由此可见，二十世纪五六十年代，上海仍活跃着一个尺牍收藏、交流、研究的小群体。

近年有人提出，应重视民间书信的搜集整理，认为"小人物"的记述与议论，更能见出社会的细节与真相，并发起了"抢救民间家书"的公益文化活动项目。二〇〇九年，该项目落户中国人民大学，已征集到的数万封家书实物入藏该校博物馆，该馆将开辟家书展厅，并通过征集、保管、编辑、出版、展览、研讨等方式保护民间家书这一份文化遗产。

花笺是匠人用双手经过一道道繁复工艺制作出来的，尺牍也是文人以手执笔一横一竖书写而成的，它们传达着前人指间的暖意，携带的信息远比机械时代、电子时代的产物更多。在世界日趋"无纸化"之际，旧时的片纸零缣，定会引起人们更多温馨的记忆。

（三）

封缄故事

选自《十竹斋笺谱》

书信通过传送或邮寄等方式转递到对方手中，为避免不必要的人看到书信的内容，所以在信笺之外，需要有封套的保护。就外在形式而言，书信由信笺和信封两部分组成。"书缄"和用于封缄的"书简"，也都被作为书信的代称。

当代人看惯了机制纸信封，常以为这是再平常不过的东西。其实信封并非生来如此，它同样有一部独特的发展史。

在竹简、木牍时期，自然不会有纸质的信封。当时文书的封发方式，是"缄之以绳，封之以泥，抑之以印"，即将简策卷起来，或装在木函、锦囊内，用绳子捆扎牢固，在绳结或交叉处加上特制的黏土，趁其湿软时加盖官印，黏土干硬后，便成为一种凭据，称为封泥或泥封。如果有人打开绳结，封泥便会破碎，收信人就会发现。简牍时期的封检，与后世的信封不同，其功能不在于包裹信函，而是承载封泥，以及标识出文书的名称、发文部门及收文者。（图 ❶ 汉代封检）在考古发掘中，西晋封检系最早发现。早期的封检形式常与普通竹、木简相同，而汉代以后的封检已形

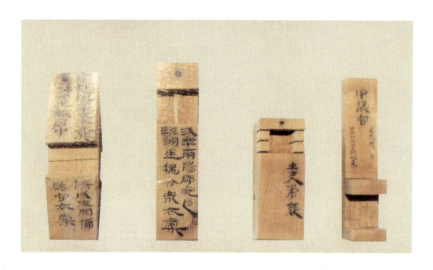

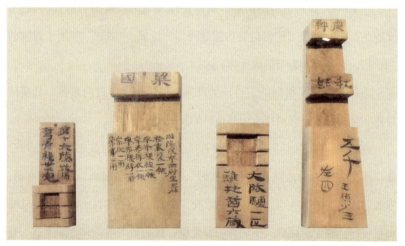

图❶ 汉代封检

成适应功能需要的特定形式，系一长方形木块，上端较薄，用于书写文字标识，下端厚出一倍，刻挖出方形封泥槽，两侧有凹口，便于绳索勒入。湖南长沙有一座简牍博物馆，里面保存着西汉至三国东吴的多种封检实物。从现代仍在使用的火漆印封，大致可以看出泥封的形式。如所见《申新第一纺织厂三十五年度会计年报》，即将穿订账册的绸带两端用火漆封死在封面上，火漆印文是"护制"二字。（图❷火漆封）而不加封的文书，便称为露布、露版或檄，也就是暴露在外面的意思。二十世纪五十年代拍摄的电影《鸡毛信》里，信封上贴三根鸡毛，表示十万火急。这也是古已有之的办法，汉高祖十年（前197），刘邦为了平定代国陈豨的叛乱，以"羽檄"征召天下军队，也就是在檄的上面插上鸟的羽毛，传递人员和沿途官民见到这样的羽檄，都要尽己所能保证它的迅速到达。此后，羽檄就成了紧急军事公文的代称。

图❷ 火漆封

汉代虽已有纸张的生产，但初时应用尚不普及，尤其是未得到朝廷的重视，所以正规的官府文书仍然沿用简牍，其封缄形式自然依旧。皇帝的诏旨直到晋代才改用纸张来写。南北朝时期，纸张始在公文书写中普遍应用。不过，这种纸写的书信仍然装在木函中寄送。三国时吴国使臣张温出使蜀国，对刘备说"谨奉所赍函书"，可证书信外有函封。曹操曾颁布法令，每个月都给掾属、侍中、别驾等官员发放纸张和木函，以便他们把对国事的意见、建议定期呈送给自己。"信函"一词，大约就产生于这一时期。这一举措的代价相当高，大约只有皇家承担得起。晋代的句容县令刘超，后想出一个变通的办法，造了一个类似现代意见箱的大木函，到各地巡行时，准许士民将上呈文书都投到这个大木函里，回县衙再开函审读。

信函虽较简牍为轻便，传递起来仍然不够便利。尤其是民间通信，主要靠人顺路捎带，所以帮人带信要算很大的功德。《柳毅传书》至今被传为佳话。不过这种好事也不是人人都愿做的。《晋书·殷浩传》中记载了一个故事，殷羡出任豫章太守，临行前，都城建康有很多人托他带信给亲友，哪知他到了石头津，就把一百多件信函都投进水里，说："沉者自沉，浮者自浮。殷洪乔不为致书邮。"平心而论，这不能过于责怪殷羡不通情理，一百多个木函堆起来，要占去很大的空间，使得他在船上的生活相当不方便，到了南昌还得雇人给挑着，一家家挨门去送，费时费力。正因为装信的是木函，他才会有"沉者自沉，浮者自浮"之语。倘若信函的目的地是在石头津的下游，没准还真能有木函沿江漂浮过去。隋初大将史万岁随杨素平定江南，就曾把军情报告密封在竹筒里，顺流漂下，结果被打水的人发现，交给了杨素。想来史万岁放漂的不会只是一根竹筒，才增加了被人捞起的概率。事实上，当时托人带信完全属于听天由命，带到带不到没有把握，就算带到了，也很难及时得到回音。所以唐代诗人韦庄有"九度附书向洛阳，十年骨肉无消息"的悲叹。

这种情况产生的原因，是中国古代交通运输能力不足，长期没有民间书信的寄送服务。专家们编《中国古代邮驿史》，追溯到了殷商甲骨文中的记载，然而直到宋代，官方的邮驿都是不办理民间书信投递的。唐代的信使偶或借传递公文之便，私下为亲友捎带书信或口信。宋代才有明文规定，普通官员给直系亲属的家书，可以交官方邮驿传送，给一般亲友的信件，则只能夹在家书中由家人转交，这也是为了避免给官方邮驿造成过大压力。杜甫的名句"寄书长不达，况乃未休兵""烽火连三月，家书抵万金"，能够脍炙人口千余年，就因为它是当时战乱景况的真实写照。

　　隋唐时期书信多以纸为载体，官方文书偶有用简册或绢素的。书信的封缄形式，在函封以外，也有用竹筒封装的，称为"邮筒"。文书则普遍采用囊封，也就是以绢帛制成封套，在封口处钤盖官印，以求保密。唐人冯贽在《云仙杂记》中记载刘禹锡在朝中掌权时，"门吏接书尺日数千"。"书尺"一词，显然源出于书信和尺牍。刘家为了回信，每天竟要用一斗

图❸　古代驿使图

面打浆糊粘贴封套。封装好的书信，装在布袋里交邮驿人员背着，步行或骑马、乘船递送，这就有些像现代的邮递员了。(图❸古代驿使图)此外当时还有文书封皮须折角封装的规定，即将文书的外皮折作信皮，但这可能只是文书的内包装，其外另有封缄物。从新疆吐鲁番发现的唐代民间书信实物看，信笺作折叠式，背面写有寄信人与收信人的地址姓名，大约也是以信纸的一部分折作信封的。这在某种意义上，相当于现代的邮简。(图❹邮封)

宋代的公文封发主要用邮筒，筒有皮筒、竹筒和纸筒三种，筒的封面上排列字、号，写明收文单位和发文日期，公文装入筒内，以蜡封固后加盖印记。其中的纸筒，应该就是后世信封的源头了。宋代之所以允许官员私信交邮驿递送，邮驿网络的发展与完善固然是重要因素，而纸质信封的轻便易携也该是不可忽略的因素。

从遗存的实物看，明代的信封与现代的信封已没有太大的区别，采用的是竖写方式。清代信封流传较多，常见的样式，是在厚白纸信封的中部，环贴一条红纸，将收信人的姓名写在红纸上。这实际上是古代文书封缄形式的简化，先时

图❹ 邮封

图❺ 清代信封

图❻ 加盖"南大"封

白纸封外再加一重红纸套，此后或为节约计，红纸套变成了红纸条，只贴在白纸封的封口面，也就是背面。（图❺清代信封）大约在清末民初，风气忽然一变，红纸条从信封背面转到了正面。收信人的姓名称谓仍写在红纸上，当是显示尊重，收信人地址及寄信人姓名、地址，分写在两侧的白纸上。信封的写法同样有一定的规范。据书友韦泱先生说，民国初年，上海大陆图书公司曾出版过一本《写信研究法》，除各类书信用语外，还专列出信面格式等内容。

信封上的这种红纸条，后来再度简化，成为信封中部竖印出的红色线框，一直沿用到二十世纪末。如"私立金陵大学图书馆缄"信封，在红框的底部还印有小字："无法投递退还原处。"此封后被抹去"私立"二字，加盖"南京"二字，为南京大学图书馆所沿用。（图❻加盖"南大"封）又如"南京市文学艺术工作者联合会"一九五一年制信封，红框左侧下方印出单位、地址、电话，上方且印出发文编号。

而在专门用于寄送喜帖的红纸信封上，这种红框则改用黑色印制，如上海"大陆报馆代发"的喜帖封。（图 ❼ 喜帖红封）

在信封横写成为规范后，红框多简化为两条横线。直到二十世纪八十年代后期，这种红框信封还没完全消失，且曾被横式信封所借用，在横置的红框左上方，印上一个"寄"字，框内右端印一个"收"字，以示应该横写。（图 ❽ 横式红框封）一九八八年南京曾印制一批"干支首尾封"，采用竖式，中部印红色长方框，顶端印绿色篆书"龙年大吉"，右下角有篆书红印"戊辰年"，但因为两侧各有一串邮政编码方框，显得有些不伦不类，虽属集邮品，以后似也未再见。现在我国台湾地区的信封，仍有采用竖式加红框的，邮政编码格在右上角横排。至于完全空白的素纸信封，倒是给了写信人充分的选择自由。

清末民初，洋纸信封初流行之际，虽模仿传统信封形式，不少人仍以为不及传统信封，因传统信封以宣纸或毛边纸制作，封口一经黏合便无从拆开。古人用白芨水作黏合剂，据说其黏性在现代胶水之上。更有人为了保密，用针刺字于封口处，一旦被拆，文字必然破损。而洋纸信封纸质厚硬，以糨糊或胶水封口，遇水失粘，

图 ❼ 喜帖红封

图❽ 横式红框封

倘被人偷拆看后，重新黏合，可以不留痕迹。所以手工纸信封仍长期占有一定的市场份额。如"南京市民银行"封（图❾南京市民银行封），采用花笺式样，三色套印，下部古器图案，上部题款"三趾下锐，两柱高张，锡来鹦鹉之名，制就水晶之巧"，署"丙子夏　仲均　上海粹华厂摹古"，可知是一九三六年上海所制。直到二十世纪五十年代初，"国立南京大学师范学院教育学系""南京大学师范学院"等院校，还制作过这样的毛边纸小信封，高约一百六十毫米，宽仅七十毫米。（图❿国立南京大学师范学院封）而荣宝斋、十竹斋等老字号的仿古信封，延续的时间就更长了。

当然也有变通的办法，即在机制纸信封上，加贴手工纸印制的密封签。二十世纪后半叶的特种挂号信函，信封三面先以线订牢，装入内件后的封口，线订之外，还要加贴手工纸"特挂信函封志"。信封背面的"寄信人注意事项"则有这样的话："特挂信函应交由邮局人员当面核点内件后封固。交寄时请填写内件清单一式二份。信函封固后请

图 ❾ 南京市民银行封　　　　图 ❿ 国立南京大学师范学院封

在封志上盖章。"（图 ⓫ 特种挂号信函背面）而"机密"函，两端封口及中缝处都会贴上"密封"签。（图 ⓬ 密封函局部）这种看似原始的方法，在科学昌明的时代仍无从替代。

横写式信封与横写式笺纸一样，都是学自西方。横、竖并存的时期大约维持了半个世纪，其时两类信封都有丰富的变化。明清时期的官方文书，有一定的封缄形式要求，但明末清初肇端的民信局条例中，就没

图⑪ 特种挂号信函背面

图⑫ 密封函局部

图⑬ 邮政标准信笺   图⑭ 任中敏封

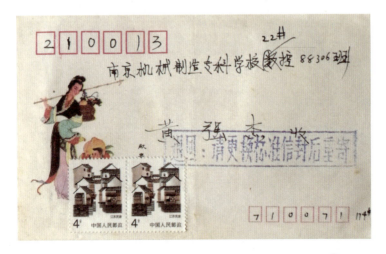

图⑮ 退回封

有看到对信封规格的要求。中国现代邮政始于光绪四年（1878），此后在光绪二十四年（1898）首次印发明信片，一九一八年首次印发邮制信笺，（图 ⓭ 邮政标准信笺）都见于记载，唯独没有邮制信封发行的记录。到二十世纪后半叶，由于左起右行书写方式的推广，横式信封渐成通用信封的唯一形式。但仍有惯于竖写的老文化人，将横式信封竖着书写，如一九八四年七月任中敏先生致钱南扬先生函。（图 ⓮ 任中敏封）当时对填写邮政编码的要求尚不严格，故此信能够顺利寄达。二十世纪七十年代后信封的一个变化，是在左上角增加了供填写邮政编码的小方格，但因未能推行，八十年代的信封多又取消了，直到九十年代后，对填写邮政编码的要求才越来越严格。

近年来，由于自动分拣技术的需要，邮政部门不断严格规定信封统一尺寸，不合规范者不得收寄。二十世纪九十年代初，就有信件被盖上"退回：请更换标准信封后重寄"的蓝字长戳退回的。（图 ⓯ 退回封）极少量作为工艺品的信封，可以不遵从这一规范，但也就只能成为欣赏把玩的对象，如一九九四年富阳华宝斋影印宣纸花笺的同时，印制了几种竖式信封，以锦盒包装，作为礼品。南京十竹斋也曾印过一些笺谱信封，因为没有印上填写邮政编码的方格，在有人购买时总要提醒这是不能交邮使用的。现在销售的十竹斋笺谱封，已都是印上邮政编码框的了。

信封收藏意识的萌生，远晚于书信。一方面，信封长期被认为是书信的外包装，没有自己的独立身份，另一方面，信封也多在拆阅书信时被损坏。古代保存下来的书信，基本上没有信封同在。收藏书信的目的，也决定了信封的不被重视。近年来的拍卖会上，常常可以看到明清时期的书札被裱成各式册页，没见过连信封也裱上去的。各出版社影印出版名人书札，也很少连信封一起影印出来。直到二十世纪末，不少人对于名家书信仍是取信而弃封。如程千帆先生一九七八年七月二日致孙望先生信封，我在旧书店中看到时，信函已被人抽走。而这一封信，也没有收入《闲堂书简》。（图 ❶ 程千帆致孙望封）

收藏信封最初似乎只是集邮者的事情。但明代的信封，已经成为博物馆的珍藏，民国年间的集邮者所能搜集到的早期信封，只是清末民信局封了。直到二十世纪八十年代，普通的集邮爱好者，还是习惯于把邮票从信封上剪下来，漂洗插册，只有经验老到的集邮家才懂得，实寄封比单独的信销票重要得多，甚至特意制作首日实寄封。在这一意义上，信封仍然只是邮票的附庸。近二十年来，每有新邮发行，各级邮局都设计制作大量的首日封上市销售，致使首日封成为乏人问津的滞销品。但有一些类似于极限封的首日封，尚值得关注，如一九九六年九月二日发行的"中国古代档案珍藏"邮票一套四枚，以国家档案局信封和第十三届国际档案大会组委会信封制作的首日实寄封（图 ❶ 档案封两种），就别有风味。还有一种可以称为"纠错封"的，如一九八九年乌鲁木齐邮票公司发行的"第9届中国电影金鸡奖"纪念封、"第12届中国电影百花奖"纪念封及一枚"双奖邮折"，原说明"授奖仪式定于1989年8月3日—4日在新疆维吾尔自治区首府乌鲁木齐市隆重举行"，不料发生变化，故不得不在纪念封上加盖朱文印章纠错："'双奖'于1989年8月10日评选揭晓，原定在乌鲁木齐举行的颁奖仪式，现改为送奖上门。"（图 ❶ 纠错封两种）这好像是绝无仅有的一次。

图⑯ 程千帆致孙望封

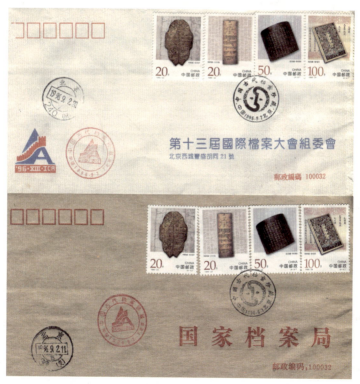

图⑰ 档案封两种

　　实寄封渐渐得到现当代书信收藏者的重视，是因为信封上往往保留着信笺中所缺少的信息。如写信人很少会在信中标示发信地址，信尾所记发信时间，常常只有月、日而无年份，这些在邮戳中都会显示出来。现当代一些出版社在整理出版名家书信时，因误判年月而导致编排错误的情况较多。上海古籍出版社出版《艺风堂友朋书札》，在《出版说明》中声明："原件都无纪年，缪氏装裱时未能按时编排，致前后时序颇多错乱，今难考正。"这种错误实在影响此书的价值。如果信封尚存，问题就会简单得多。

近年来，随着名人书信在拍卖场上频频亮相，价格一路扬高，伪造名人书信的事情也屡屡发生。这种情况下，信封又成为鉴别信笺真实性的重要佐证材料。当然，有一利即有一弊，有些造假者以真信封装假信笺，成为新的惑人手段。这种套路，古已有之，在古玩行中称为"假老爷真轿班"。不过，在现今的书信收藏中，是否保存着"原配"信封，已成为一个重要的衡量标准。

受此影响，未经使用的早期信封，也成为一种收藏对象。

近半个世纪的信封，除了名人书写的以外，通常不为人所重，其实

图⑲ "百花齐放"封

图⑳ 拱花封

图㉑ 钱绍武签名封

有些艺术信封相当有特色，如二十世纪六十年代初上海印行的两种"百花齐放"封，一种在左上角印有当代名家所绘百花，此枚为俞致贞先生所画蒲公英；另一种在背面左半印剪纸百花图案，右半印相应的郭沫若诗句，此枚为"荷包牡丹"。（图 ⑲ "百花齐放"封）同一时期还有一种拱花信封，以拱花技术在白纸封上压印出天安门和华表的图案，也很别致。（图 ⑳ 拱花封）艺术信封倘再得艺术家题签，自然更有趣味。如一九九三年"纪念华彦钧（阿炳）诞生一百周年"封，以钱绍武先生雕塑的阿炳铜像作为主图案，像侧有钱先生的亲笔签名。（图 ㉑ 钱绍武签名封）又如"李琦画展"封，是一九九七年举办"李琦从事革命文艺工作六十周年"展时所特制，左侧为中央美院教授李琦所绘鲁迅先生像，亦有画家的亲笔签名。从一九九六年开始，华君武先生曾连年为中国集邮总公司设计生肖贺年封，每套六或八枚，承先生惠赐，成为我的珍藏。最难得的一种，是一九九四年傅抱石先生诞辰九十周年，邮电部发行《傅抱石作品选》特种邮票一套六枚，江苏省和南京市邮票公司设计的首日封，有一部分请傅家三兄妹小石、二石、益瑶亲笔签名。（图 ㉒ 傅家兄妹签名封）同时还请傅二石亲笔手绘了一批纪念封，据说只有二百枚，编号发行，我所得此枚，编号为一二二。（图 ㉓ 傅二石手绘封）

再就是时代特征鲜明的信封，也可以作为一种标本。我因工作关系，将与作家有关的信封，作为一个小专题，随手检出，有"瞿秋白同志纪念馆"封、"夏衍文学创作生涯六十年展览"纪念封、"沉痛悼念中国当代文学大师孙犁同志"纪念封（图 ㉔ 孙犁纪念封）、"李一氓生平陈列室揭幕"纪念封（图 ㉕ 李一氓纪念封）等。值得一提的是绍兴鲁迅纪念馆

图 ② 傅家兄妹签名封

图 ㉓ 傅二石手绘封

图㉔ 孙犁纪念封

图㉕ 李一氓纪念封

图㉖ 戴传纲自制封

在二十世纪九十年代印行过一套"越中名贤"纪念封，其中不少是现代作家的"诞辰百周年纪念"，如许钦文、孙伏园、郑午昌、胡愈之等；诞辰一百一十周年的，有许寿裳、夏丏尊；一百二十周年的有蔡东藩；一百三十周年的有蔡元培；等等。对孙席珍、陈梦家、马一浮等现代作家，则设计为逝世若干周年的纪念封。鲁迅纪念封最为别致，上方影印巴金先生手迹：鲁迅先生永远活在人民的心中。古代作家则有孔稚圭、陆游、杨维桢、徐渭、王思任、刘宗周、张岱、祁彪佳、赵之谦、平步青、李慈铭等，充分展示了绍兴一地的人物之盛。

改革开放以来，陆续出现了为数不多的自制信封，如邓云乡先生自制信封，在下方印出居址姓氏：上海市杨浦区延吉四村68号501室邓绒。无锡作家沙陆墟先生有"敝帚室主沙陆墟缄"封，印出详细地址、邮编及电话。南京"名人信封书法收藏室"的戴传纲先生，也曾自制信封，请人题写寄给他。（图 ❷❻ 戴传纲自制封）因为自制信封远比自制信笺少见，所以更值得关注。

第二辑

一

零落江南的晚清花笺

选自《十竹斋笺谱》

晚清江南花笺，专门的记述好像不多。版画史、出版史上，注重的都是"光芒万丈"的晚明时期，收藏界的热点也是名家尺牍。然而时至今日，就像古籍收藏，宋版元刻可望而不可即，得到清末民初的精刻本都被视为幸遇，就像陶瓷收藏，奇品佳器可望而不可即，连残器破片都会引起争抢。既然市面上能够见到的花笺多是现当代产品，清代素纸已可以上拍卖会，利用我手中的三百多帧晚清书札，对日渐稀少的晚清花笺做一点诠释，或许能对朋友们欣赏和品鉴花笺有所启发。

这批意外得到的书札，在我手边把玩多年，首先引起我兴趣的便是花笺图案：有山水，有人物，有花鸟虫草，有文玩古器；有单色印制的，也有双色、三色以至四色套印的，还有砑光笺、拱花笺多种；有店肆印卖的，也有文人画士自制的，诚可谓琳琅满目，蔚为大观。虽然笺面已经写上了文字，但图案多仍清晰可见，而不少写信者的书法，亦足以为笺纸增辉。

中国画中，以山水画最为人所重，花笺也常以地方名胜、景观风物为题材，但于方寸之间表现山水意境，且只能出以线勾白描，颇不易经营，故而花笺取山水为题材的相对较少。王稼句先生在《花笺上的风景》一文中，提到晚清有一套六叶的苏州风景，画的是枫江夜泊、虎阜夕照、石湖烟雨、万峰云泉、胥江晚渡、邓尉探梅，作者杨柳谷是常熟人，与其兄杨柳桥都有画名，"善画柳"，"山水清超绝俗，尤擅摹古"。拙藏中恰有"枫江夜泊"一幅（图 ❶ "枫江夜泊"笺），署"柳谷杨念伯"，画中的近景是夜泊之船，帆樯与岸边细柳交融，船边的桥大概就是枫桥。对岸有垂柳相呼应，柳荫后的屋宇当是寒山寺。中景简单勾勒出阊门城楼，背后远山清寂。署款下的印文"芸兰"，与稼句先生所提到的"松茂""阿隆"，都不是画家的字号，而是制笺的店号。可见杨柳谷的这一套苏州风景，当时流传颇广，曾被多家笺纸店制为花笺。同是以山、水、城为题材的晋祥茂制笺，绵延的城池被推为远景，中景的山峦下，突出的是水岸边的泊船，以符合画面上方所题长短句的意境："石尤风满天，舟子争泊船。市脯沽酒正好眠，

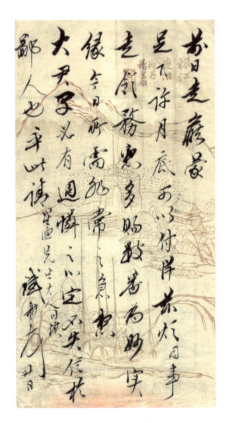

图 ❶ "枫江夜泊"笺

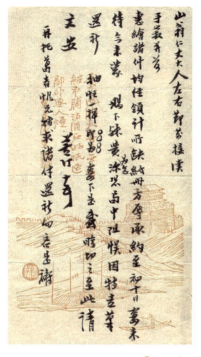

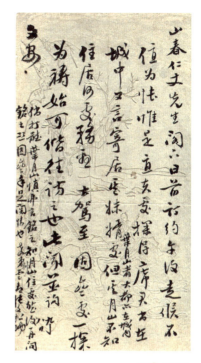

图❷ 晋祥茂笺　　　　　　　　　　　　　　图❸ 研花笺

过郭外，无人烟。"（图❷晋祥茂笺）大约由于水难以表现，此类花笺中，通常采用舟船作为江河的符号。同泰义制山水笺，左上角题小诗："扁舟荡月明，花深人欲醉。知狎野鸥驯，往来不惊游。"但画面中花与鸥都被虚化，突出的是一人弄舟，一人观景。另一幅无款研花笺，山水树石之间，一人坐船头抚月琴，画面结构疏密得当，笔墨也很生动。（图❸研花笺）这种研花笺，研凹处的颜色往往比纸色稍深，而且在背面可以清晰地看到微凸的图案。

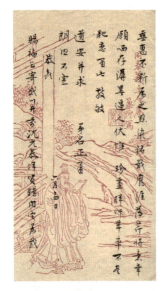

图④ "捧书而读" 笺

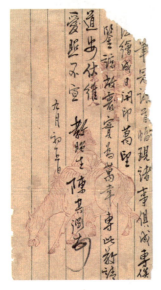

图⑤ "相马图" 笺（局部）

花笺中人物画的品类颇多，最常见的是表现文人情趣的。如升记制笺，绘一老者坐竹荫下读书，神态潇洒，题款也有趣："无书不可读，能读却无书。"署"余伯写意"。又萧卿应"同泰义主人"所嘱，绘一老者立山亭下，双手捧书而读，袍袖飘曳，画家的字也写得很见功力。（图④"捧书而读"笺）而"有花须插，有酒须酌"一笺，表现的则是文人的悠闲生活，一老者席地坐短篱下，篱外有花两三枝，下方一小僮自大酒瓮中斟酒。通常花笺在图案之外，不再画出界行，而此笺在红色人物之外，另套印绿色界行，也是一种特色。相类的还有"相马图"一笺，纸色染黄，加红图绿栏，已是三色，题"赵仲穆有此真迹，因临之。飞云主人"。（图⑤"相马图"笺局部）同样以历史人物为题材，还有缦云制笺，画隐居西湖孤山、梅妻鹤子的林逋，题"孤山高隐，了然写"。恒隆制笺，画一女子在书案边与两儿童嬉戏，窗外一蕉直立，

谨启者仲夏遗

府瑶绘扇面现张蒙

许和秋来取苏特奉书代面洽

检交吉手为幸耑此祗请

山春先生著安

沙老爷

台鉴

弟 骆震合顿首

白露节前四日

万

寿

图 ⑥ "知音芬芳" 笺

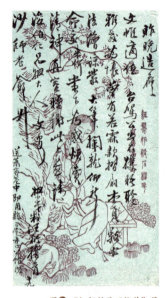

图⑦ "红裙妒杀石榴花"笺

图⑧ "妻荣夫贵"笺

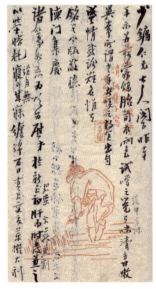

图⑨ "雨后有人耕绿野"笺

图⑩ "检书烧烛短"笺

题"拍成十八，弦辨宫商"，意为作《胡笳十八拍》的蔡文姬，但这位画家将蔡文姬画得眉高眼低，人大脸呆。又同茂制笺，画一男子坐蕉下抚琴，隔墙两女子偷听，题"知音芬芳心自同"，大约是司马相如与卓文君的故事。（图 ❻ "知音芬芳"笺）

前人诗意常成为花笺的题材，如"红裙妒杀石榴花"，以唐开元进士万楚《五日观妓》诗句为题。不过万楚笔下的歌妓是动态的，"新歌一曲令人艳，醉舞双眸敛鬓斜"，而花笺中的女子是静态的，俯首倚坐盛开的石榴花下，若有所思，尤突出了一袭"红裙"的魅力。（图 ❼ "红裙妒杀石榴花"笺）以流行小说、戏曲人物入画的，如恒隆制笺，画《西厢记》中莺莺送张生进京赶考的临别场面，题"妻荣夫贵，这般并头莲，不强如状元及第"。（图 ❽ "妻荣夫贵"笺）又"红梅白雪，笠屐赴诗盟"笺中人物，让人想到《红楼梦》中从妙玉栊翠庵里讨了梅花回来的贾宝玉，"病恹恹，一缕柔情凭针线传"笺中人物，颇似夜补孔雀裘的晴雯，只是画工过于粗拙，店家连字号都没有标，想必是纸店里低档的大路货。此外尚有绘宗教人物以寓意吉祥的，如艺兰堂制、香祖绘"眉寿永年"笺，画的是民间所熟悉的十八罗汉中"长眉罗汉"形象。司香所绘一位手持莲花、盘膝端坐桂叶之上的道姑，左侧是二十八宿中东方苍龙七宿第一宿的角宿示意图，款题"角之宿，主天下和平，贤人进用"，显示的是道教的星宿崇拜。

最难得的是远离文人生涯的村野风光，如云华堂制笺，画一农夫在水田中插秧，寥寥数笔，而意境清新，题"雨后有人耕绿野"，署"清溪樵子写"，印文"吉生"，是名重一时的钱慧安的作品。（图 ❾ "雨后有人

耕绿野"笺）

　　同样投文人之所好的是文玩古器笺。戏鸿堂所制两种六行笺，设计颇见机心，一是画着一本半卷的书册，利用书页的界行为花笺的界行，一是画着一架半出琴袱的古琴，以琴弦为界行。"四宝"印款三种，皆甚典雅。其一绘立龙烛台上插红烛，旁置印袱、卷轴，款题北宋郑獬诗："中使传宣内翰家，君王令草侍中麻。紫泥金印封题了，红烛才烧一寸花。"这是有名的才思敏捷故事，宋徽宗熙宁二年（1069）重召富弼为相，翰林学士郑獬奉旨草诏，片刻即成，作此诗以为荣。"紫泥"典出《太平御览》卷五九："《陇右记》曰：武都紫水有泥，其色亦紫而粘，贡之用封玺书，故诏诰有紫泥之美。"宋代虽已不用泥封形式，但不妨借指诏诰的封缄。其二绘红烛、书匣、短剑、酒杯，题句"检书烧烛短，看剑引杯长"，出自杜甫五律《夜宴左氏庄》，这也隐含着一桩雅聚故事。"检书烧烛短"一句，尤搔着文人痒处。即我写这一组文章，也是常须检索人名、掌故，翻书不觉时光逝，一天写不成几百字，但正好补读了不少平时疏忽的史料。（图 ❿ "检书烧烛短"笺）其三绘铜镜、奇石和旄节，题"镜铸千秋，石瞻一品，又旄节花开骀荡"，"铸得千秋镜，光生百炼金"是唐明皇李隆基千秋节铸镜赐群臣的故事，旄节花生西域，让人联想到苏武牧羊的旧典。这几幅画的作者署"华林主人"，颇有界画的风格。署"华林摹古"的还有一种"汉铜镜铭"："令尹作竟宜侯王，定当大富乐未央。"只是这铭文很可能是臆造的。又见"缀云"制笺，取古代刀币、布币、方孔圆钱等拓片为一组，署"高干伯手拓"。古代文人虽不屑"铜臭"，但搜集已退出流通的古钱，仍属雅玩。此外如绘书函、卷轴、爵杯的"书简爵

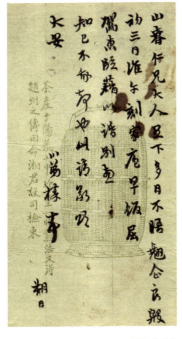
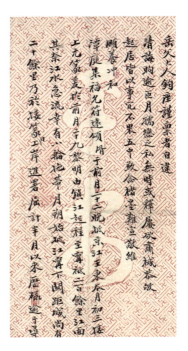

图 ⑪ 茶笥笺   图 ⑫ 平安笺

秩"，绘瓶中插三枝戟的"平升三级"，属于常用的吉祥图案。又如摹带钩、摹砖铭、摹古钱串、摹青铜器，不一而足。别有风味的，是绘一只茶笥，题款道："茶产于阳羡山中，珍重一时，煎法又得赵州之传，因命湘君设司检束。"湘君是竹的代称，"司"隐喻笥。（图 ⑪ 茶笥笺）又如绘一只方壶，款题"君子之交淡如此"，亦有俗中见雅之意。

有些花笺上，印着与尺牍相关的文字，尤有韵味。如古人信尾署名，必作"某某顿首"，以示对收信人的敬意，荣宝斋有"顿首顿首"笺，摹《乙瑛碑》字。古代以鱼雁作为书信的代称，有洋纸粉笺，上印着鹅黄色"鱼

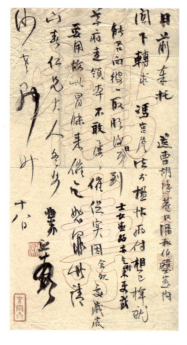

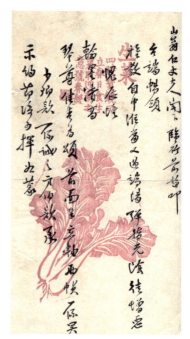

图⑬ 鹤寿笺　　　　　　　　　　　　　　　　　　图⑭ 生菜笺

雁"二篆字。书信的重要内容是通报安好，俗有"平安家信"之说，松
茂室所制万字回纹笺上，即大书白文"平安"二字（图⑫平安笺），另
见一种八行笺上大书"平安"二红字。又有摹印汉瓦当图案为笺，文取
"长毋相忘"，作为友朋间的一种嘱托。相类的还有吉祥文字笺，如"鹤
寿"二字笺，款题"苏斋摹宋拓本"，所摹应是《瘗鹤铭》的宋拓本，苏
斋大约是后来成为南社社友的邓寄芳，题款者钤印"鹤道人"，可能是在
苏州存古学堂授业的郑文焯。（图⑬鹤寿笺）有趣的是一种七行笺，背

面印有"大唐善业泥压得真如妙色身",十二字竖分三行,署"槃涧庵藏"。这是西安大慈恩寺善业泥造像后的楷书铭文,书风极似褚遂良。所谓"善业泥",是以高僧的骨灰与上等泥土掺和,然后用模具压制成佛像。

花鸟虫草笺是最为常见的花笺品种,图案比较简单,线条也往往粗放。当然不乏制作较为清雅的,如艺兰斋仿香草校书制月季花笺,右画月季花一枝,左侧题诗:"红苞紫蔓贯枝芳,天下风流属此香。一月饱看三十日,花应笑我太清狂。"恒隆制笺两种,一画兰花,题"同心之言,兰绪外史点笔",一画蟾蜍桂花,题"蟾宫香满,兰绪写",寥寥数笔,颇见风致。仁益制笺,画双鸟栖石相嬉,题"何事不高飞",也有意味。又有画青菜一株,题款:"生菜,《四时宝镜》曰:立春日食生菜,取迎新之意,号春盘。"反映了江南风俗。(图 ⑭ 生菜笺)类似的还有"桃符"笺,画一枝桃花、一方符板,让人想起王安石的名作:"爆竹声中一岁除,春风送暖入屠苏。千门万户曈曈日,总把新桃换旧符。"

坊肆制笺,旧时不为人所重。在笺纸收藏上可谓卓然大家的郑逸梅先生,对于"标着云蓝阁、虚云阁、芸香阁、荣宝斋、松竹斋、九华堂、抱经堂、文苑楼、大吉祥"等字号的坊肆产品,都认为"太普通了","大都不留"。实则坊肆产品,不可一概而论,其中不无佳制。即如扬州云蓝阁纸号制笺,自有出色之处。所见其人物笺,一绘女子独倚楼窗,题"斜月杏花屋",用的是清诗人叶英华的诗句;一绘女子于窗前铺纸写信,题"写不成书,只寄得相思一点",用的是宋张炎《解连环·孤雁》中的名句。画家署名"伟人",于房舍花树随手点染,人物衣裳面目则相对工细,不仅精于绘事,且文化素养较高。云蓝阁选取画样有眼光,制

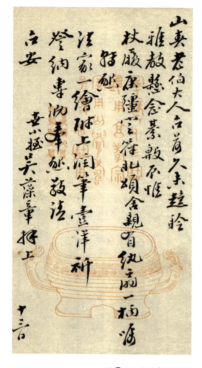

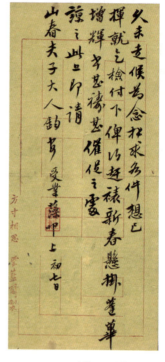

图 ⑮ 云蓝阁青铜器笺　　　　图 ⑯ "方寸相思"笺

笺亦佳，雕刻线条流畅，印色淡雅。云蓝阁摹青铜器及铭文笺，器型纹饰不失原貌，铭文临写也中规中矩。（图 ⑮ 云蓝阁青铜器笺）其花卉笺，如绘茉莉一枝，题"一房茉莉凉于雪。范湖词，存伯自写"，菊花笺题"细菊丽初暾。范湖草堂集中诗句，居士自写"，都是晚清画家周闲自写其《范湖草堂集》中诗意。又有六行笺，以"相思"二字，方正笔画，拉成界行，寓"方寸相思"之意，颇见巧思，此信则出自苏州藏书家蒋凤藻手笔。（图 ⑯ "方寸相思"笺）另松茂室也有类似六行笺，以"寄春"

二字，拉成界行，且加梅花一枝，以示春意，亦妙。

云蓝阁创始人陈云蓝，一名筼蓝，不知道是不是与段成式自制云蓝纸的旧典有关，同治初年于扬州南皮市街开设纸坊，兼经营木版年画和花笺。流传于世的《云蓝阁笺谱》，保存单色花笺一百零五种。扬州博物馆现藏云蓝阁笺版四十余块。从中可以看出，云蓝阁主人自绘笺图有二十多种，此外多系苏州、扬州名家之作。二〇〇五年广陵古籍刻印社曾复制云蓝阁笺九十六种。（图 ⑰ 云蓝阁笺）松茂室则是上海的老字号纸品店。

或许是因为扬州云蓝阁影响大，占领市场份额较多，于是出现了芸兰阁制笺，两店名号发音完全相同，买主到纸店要云蓝阁的产品，店家给你拿了芸兰阁，你也不能说他错。但后者的花笺质量显然不如云蓝阁。如芸兰阁制"细菊丽初暾"笺，乍看图案几乎与云蓝阁笺完全一样，细察则可见分别，肯定不是用同一块雕版刷印的。而芸兰阁制青铜器及铭文笺，僵硬呆滞，精粗可以立判。（图 ⑱ 芸兰阁笺）有一种芸兰阁六行笺，用红色界行，外围以绿色变形文字，然过于复杂，难以辨识。由此也可以看出当时市场竞争之一斑。

花笺制作中采用饾版和拱花技艺，在晚明被惊为奇迹。晚清也不乏套版

图 ⑱ 芸兰阁笺

彩印，尽管技艺远逊前人。时至今日，现代彩色印刷技术不断提高，传统套色作品很容易为人所忽略。但拱花技术因袭用较少，仍不失其魅力。拱花笺判别的难点有二：一方面，因为木版刷印是一种压印，总会在纸面上留下轻微的凹凸痕；另一方面，以色纸砑成的拱花笺，日久纸面颜色渐淡，而凹处的色泽往往比平面为深，又容易被误认为刷印笺。所以判断拱花笺的依据，应是从背面可以清晰地看到完整的图案为准。有些拱花笺的构图较简单，如凌云阁以曾任昭文（今常熟）知县的李鹏飞作

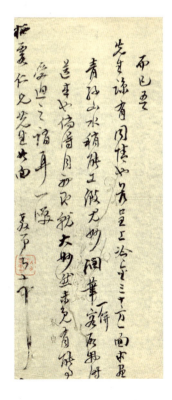

图⑲ "寒香"拱花笺（正、背）

品制笺，仅勾画一梨一柿，以谐音寓"大发利市"之意，题"西湖梅道人笔"，是无款寒香笺，砑印梅花一枝。（图 ⑲ "寒香"拱花笺正、背）但也有图案繁密的，如一种绿纸人物笺，画古人携鹤、鹿游林园花树中，门外可见山水一角，题"颜相时，家擅学林，人游书市"。按，颜相时是唐初"秦王十八学士"之一，这一套人物笺当有十八幅。又黄纸"染色"笺，画染坊及人物，可见入缸、出缸、晾晒三道工序，题"染得色鲜明，多是天工巧"，署"锦云仿古"，锦云可能是店号。按此图或出自《耕织图》，那么全套就该是二十三幅或四十六幅。又见两种拱花"薛涛笺"，一种绿纸砑印瓶花、古器、如意、瓜果，属吉祥图案；另一种森荣制竹石笺，款录元人句："淡淡烟中映夕曛，疏疏石上拂晴云。展图却忆西冈夜，坐听秋声亦此君。"此笺因后染上红色，图案文字被衬得特别清楚。（图 ⑳ "竹石"拱花笺）其实薛涛生活的时代，不但拱花技艺未曾产生，就连绘图花笺也未出现。这些店家不过是利用"薛涛笺"的品牌以为号召。

常见的双色笺中，有一些并不是真正的双色套印，而是单色

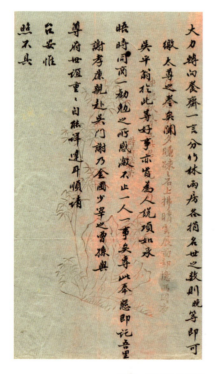

图⑳ "竹石"拱花笺

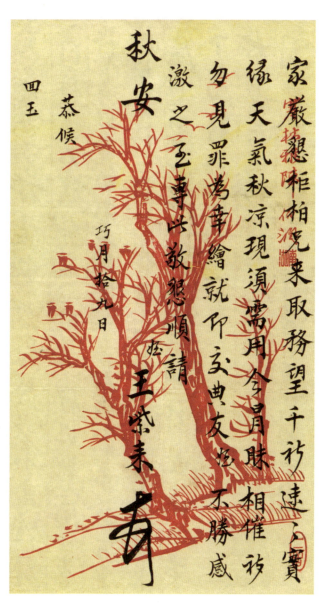

图④ "寒林雅阵"笺

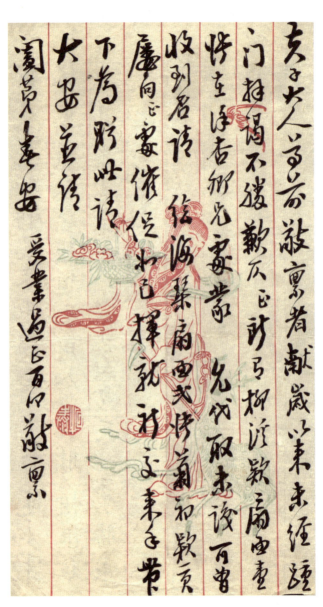

图㉒　饾版"麻姑献寿"笺

图案印在彩色纸上，如一言堂制笺三种，取上海愚园书画善会会长杨佩甫（字伯润，号南湖）的作品：松林策杖、柳塘帆影、寒林雅阵，以红色图案分别印在玫红、绯红、浅黄纸上，形成双色效果。（图 ㉑ "寒林雅阵"笺）

套色笺中以双色套印为多。恒泰制"麻姑献寿"饾版套印笺，人物衣裳红色，衣带绿色，身旁小鹿绿色，天空蝙蝠红色，花锄锄柄红色，锄头绿色，果篮绿色，篮中仙桃、灵芝红色，错落有致，虽仅两色，而有缤纷气象，且注意到麻姑指爪特长的细节。（图 ㉒ 饾版"麻姑献寿"笺）

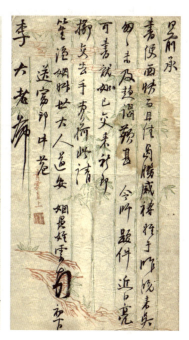

图 ㉓ 饾版疏影笺　　　　图 ㉔ 套色"青云直上"笺

恒隆制"富贵神仙"笺，于浅绿纸上画牡丹、梅花共插一瓶，花瓶、花朵皆作橄榄绿色，而牡丹花叶与梅枝印成金色，以显富贵。另一种套色梅花笺，以橙色为底，梅枝与月亮印成红色，花朵则有多种变化，有红花瓣、金花蕊，有金花瓣、红花蕊，也有全红的，而花蕾则全用金色，惜此笺右侧被裁去两行，未见款识。松茂室制疏影笺，画梅花一枝，枝干烟灰，花朵品红，叶芽嫩黄，题款大红，成四色套印，署"少农画，声伯题"，钤"松鹤"印，大如十六开。（图❷❸饾版疏影笺）松茂室所制套色笺品类较多，有一种蝴蝶花草笺，上方两只蝴蝶一红一绿，下绿草红花，雕镂细腻。此笺被多家纸号仿制。有一种双色笺，蝴蝶身上花纹已成一片红板，另一种则简化成了单色笺，两相比较，就可以清楚地看出花笺精粗的差别所在。松茂室所制"青云直上"八行笺，以绿竹为界栏，下衬红色山石，上有红云缭绕，也算别出心裁之作。（图❷❹套色"青云直上"笺）

所见晚清笺纸中，为数较多的，还是单色笺纸，红、绿、黄、赭、蓝、紫诸色皆备，实则色彩的选择，只要不影响墨色字迹的显现即可，而红色以其喜庆更为流行。也有人喜爱宣纸本色的素雅，径取以作笺。但坊肆出品的素纸笺，则多印上了红色的界行，以便于书写者行文布局符合规范。单色笺纸的界行，通常以比纸色稍深的同色调印出。生产八行笺的坊肆，有些标出店号，如云蓝阁、松茂室、姑苏丽华堂、缀云阁、芸兰阁等，有些连店号也不标，是最平常的通用产品。有一种六行笺标"平津馆造"，不知是不是孙星衍旧居德州所产。论者多提及八行笺与六行笺，以为八行笺是旧时的规范信笺，写信者必须考虑好行文布局，将八行写满，不可有空行，六行笺则属可以简省虚文的便笺。其实七行笺亦不算

少见，坊肆制品与文人自制笺中均有。此外尚有五行笺，紫色笺纸，红色界行，外围绿色花边，标"云湘阁"。又四行笺，红色界行，绿色花边，标"室仿古"，"室"字前当有店号未填。松茂室也有四行笺，且缀细竹一丛，颇见清雅。（图 ㉕ 五行、四行笺）四行以下、八行以上的晚清笺纸，则未曾见过。不过民国年间有一种"国立编译馆稿纸"，竖写三行，可能是作浮签用的。也有一种长笺，可以按需裁用，所见最长者达二十六行，

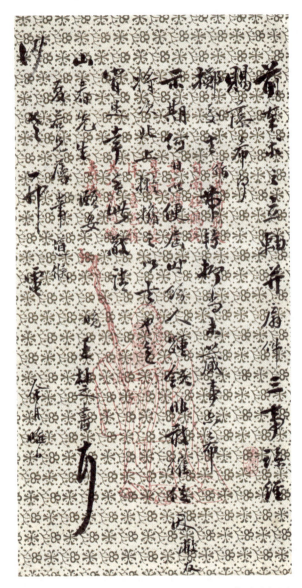

图 ㉖ 金花寿星笺

笺尾有裁割痕迹，不知原长当是多少。另曾见一种宣纸连页笺，六页相连，中间四页每页六行，首页有题名框格，尾页空白，有点像简装的册页。

郑逸梅、黄裳都曾提到洋纸笺，即以现代机制纸制笺，语意皆鄙薄之。洋纸笺在晚清即已出现，以雕版刷印旧法印制，然而机制纸吸水性能远不及传统手工纸，所以多成糊涂笔墨。但以现代印刷技术制作的洋纸笺，则迥然不同。如榛原号制金花寿星笺（图 ㉖ 金花寿星笺），便相当精致，人物清晰，字迹工整，只是满纸金花晃得人眼晕。

坊肆产品中的劣作，图案鄙陋，线条生硬，印色过于浓艳，用纸粗恶，不难辨别。

二

画人文士的

闲情逸趣

选自《十竹斋笺谱》

黄濬在《花随人圣庵摭忆》中，曾说到他所看到的花笺变化："同治、光绪间，杂色笺又盛行，李莼客、彭刚直作书，皆五色缤纷，然亦只用坊肆所出四时花卉笺。至光绪中叶以后，又盛行小笺、小信袋，唯用红、白二色，花卉外，多钩模碑帖。其时梁节庵之笺简，已传于世，民元后，坊间已多仿制，纸亦渐阔。其后有仿唐人写经者，又后印铸局出影印宋刻信纸，则加宽广矣。近数年风气渐燨，南来所见，以西洋笺为夥，过此以往，恐无复人用国中纸墨者。"

黄氏虽是福建人，但自幼在京师译学馆求学，后做小京官，所见自应是北京的情况。他到南京，已是一九三二年的事。但晚清文人所用，多杂色笺，多坊肆产品，固属时势使然，南北大略相同，在拙藏花笺中也可以得到印证。如张之洞之兄、官至东阁大学士的张之万，用的是云蓝阁八行红笺，与任熊、朱熊并称"沪上三熊"的张熊，用的是无店号八行红笺，画家顾沄（若波）用的是素纸八行笺（图 ❶ 顾沄笺），都不讲究。诗人顾潞（茶邨）、书法家李福（图 ❷ 李福信）、藏书家蒋凤藻等，

图❶ 顾沄笺

图❷ 李福信

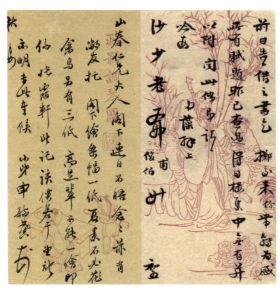

图❸ 小笺二种

图❹ 华鑫摹古封

所用都是素纸。当时流行的小笺，如艺兰斋制"疏影调琴图"笺，高一百五十六毫米，宽七十七毫米，尺幅不到通常花笺的一半；无款双人物笺，也只稍高十毫米。所见素纸小信封，高约二百毫米，宽仅八十四毫米；又南京"华鑫摹古"信封，印青铜器及古人诗句，较前更短十毫米。（图❸小笺二种、图❹华鑫摹古封）钩模碑帖笺，前文已经说过。其所说影印宋刻信纸，即以宋版书页印为笺纸，尺幅自然须加宽广。至于现代笺纸，留待下文细说。

但其时亦有画人文士，慕古贤雅意，自制信笺以寄赠友好，从中可窥见其人性情癖爱。清代金石学家、曾任苏州知府的吴云，笃学好古，收藏《兰亭序》二百种，齐侯罍二件，故室名"二百兰亭斋""两罍轩"，其自制笺多取金石古器图，并加诠释。如六行笺印铜鱼符正、背两面图案，下题"唐铜文鱼，符文曰'凝霄门外左交'。唐制，左者进内，右者在外。左交者，交鱼符之左也。两罍轩主人记"，右下角有"两罍轩收藏吉金之印"。（图❺吴云笺）同为金石学家的吴大澂，也曾取珍爱的藏品制笺，如所制"龙节"笺，雕印所藏龙节正、背两面拓本。按龙节与虎符一样，都

图❺ 吴云笺

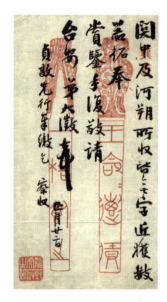

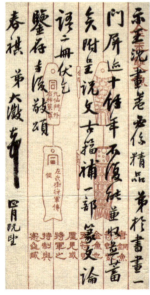

图❻ 吴大澂笺两种

是古代君臣间的重要信物，虎符稍多而龙节尤少。吴大澂深以所得为傲，刻有"龙节虎符之馆"白文朱印，常钤在其藏品之上。又所制"金玉双鱼"笺，"金鱼"在上，玉鱼居中，下有题释。所谓"金鱼"，与吴云所藏铜鱼符同属一类，但吴大澂注意到了符文"九仙门外右神策军"上面的那一个大"同"字，是合同之意，并且拓印出了鱼符侧面的半幅"合同"二字。其诠释道："唐铜鱼符，即紫金鱼也。玉符则仅见，或将军之特制与？愙斋藏。"因为玉鱼上的符文是"左武卫将军传佩"，所以他猜测是为将军特制的信物。吴大澂制笺的纸质较厚，似日本皮纸，想也是特别定制的。（图❻ 吴大澂笺两种）

吴大澂擅书法，尤以篆书为佳，给朋友写信也爱用篆书。有一个故事，说潘祖荫很欣赏吴的书法，吴给潘写信便格外认真，都用古籀文。潘将吴的信一一装裱起来，不到半年已成了四大册。潘遂同吴开玩笑，说老弟以后写信可以稍为草率点，不然我的装裱花费要吃不消了。拙藏吴大澂书札虽出于行楷，笔墨之中亦充溢金石之气。

曾任松江知府的杨岘，也是金石学家，据说"于汉碑无所不窥"，尤爱重砖瓦铭文，以精于汉隶名重一时。他所制笺纸，喜以汉隶为题材，如"延年益寿"笺，四个大字下有说明："摹汉五凤四年瓦当文，时壬辰夏六月上浣，杨岘。"文字皆双钩，钤"岘印"。此笺高二百三十毫米，宽

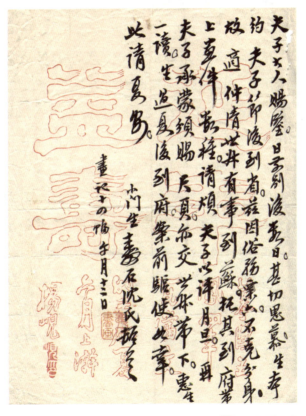

图7 "延年益寿"笺

一百八十毫米，在当时的笺纸中要算尺幅较大的。（图 ❼ "延年益寿"笺）又如"神凤"六行笺，署"翵翁双钩"，钤印"翵"。杨岘以"翵翁"为号，其意取自孟子"说大人则藐之"。他因得罪上司被劾罢官，所以公然表示对当世权贵的藐视。这"神凤"两个字不知是不是从古砖文钩出。另见杨岘自书"芬芳"二隶字于七行笺上，署"翵翁作"，钤印也是一个"翵"字。（图 ❽ "芬芳"笺）但这两枚印章是以笔墨画出来的，两种笺纸的界行也都是随手画出，不甚工整而意趣自然。

同时代的苏州收藏家严石生，自制"最可斋笺"，钤"石生"印，画写意山石图，以夹宣印制。（图 ❾ 最可斋笺）严石生所用一种小六行笺，绘"汉小鼎"图案，相当精美，可能也是他的自制笺。嘉兴书画家郭照，斋名铁如意室，也曾以所藏古钱制笺，上部印特大"半两"钱拓本，下有说明"汉半两泉竟重三两三钱，朱翠满身，真汉物也，铁如意室藏器"，钤印"子甫手拓"。郭照之子似勋（友柏），媳高氏，孙兰祥、兰枝，孙女凤娟，均以画名，时有"鸳湖灵秀，萃于一门"之誉。不过这枚汉半两钱，形制及文字，都有问题，当是后世伪造的赝品。（图 ❿ 半两笺）

晚清苏州画家沙馥的弟子、擅画梅花的沈翊清自制笺，红印"翊上"两字，是"沈翊清敬上"的省语。（图 ⓫ "翊上"笺）值得一提的是，沈翊清后进入官场，在光绪二十五年（1899）被清廷派为特使，赴东京观摩日本陆军大操，并作七绝一首赠中国留日陆军学生："上国威名溯有唐，敢辞长剑倚扶桑。安危他日终须仗，甘苦来时要共尝。"其中"安危他日终须仗，甘苦来时要共尝"一联，颇为世人所爱。陈英士曾书此联赠孙中山。

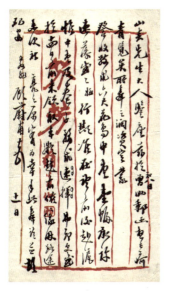

图❽ "芬芳"笺　　　　　図❾ 最可斋笺

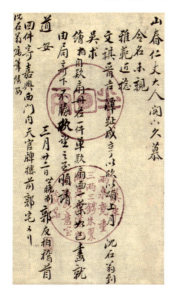

图❿ 半两笺　　　　　图⓫ "翊上"笺

105

也有些人的自制笺，相对简单，只在笺尾标示笺主名号，如近代诗人黄嗣东号鲁斋，有"鲁斋言事"六行笺，又许春旭所用"九瑞轩主人启事笺"，滕肤所用"和爽楼启事笺"（图 ⑫ 和爽楼启事笺），都是七行笺。陈炳文自制笺，以"炳文之启"四字变形，作为八行笺的界行，只是辨认起来相当吃力。由此可以看出，自制笺未必精致，不见得比坊肆产品高明。

以名家书画制花笺，是一个普遍现象，但其中又有差别。一种是画家特意为朋友提供作品，一种是坊肆利用画家作品，甚至是未与画家协商的擅自利用。这也就造成了精粗悬殊的情况。所以，搜集名家书画题材的花笺，不能只看画家名头，更须重视花笺雕印质量。

拙藏晚清花笺中，有两幅刻印俱佳的奇石笺，一幅"仙岭栖霞"绿印，上有行书铭文"罗浮仙人扫落花，纷纷散作五色霞，谁讯活之春无涯"，署"养闲主人铭，子重写"；另一幅"剑壁凌霄"红印，右有篆书铭文"虎气腾跃兮，干青云而上兮，嵌崎磊落兮，不屑屑于世赏兮"，署"养闲铭，子重写"。（图 ⑬ "剑壁凌霄"笺）子重是江阴画家吴隽的字，吴氏书、画、篆

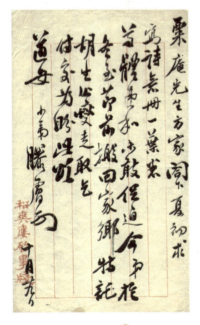

图⑫ 和爽楼启事笺

106

刻俱精，为何绍基、戴熙等所器重。养闲、养闲主人，则是清道光年间军机大臣潘世恩的小儿子潘曾玮，号养闲居士，室名养闲草堂，曾辑有《养闲草堂图记》《横塘泛月图记》等，工书，擅画墨兰。"罗浮仙人扫落花"，语出李白"闲与仙人扫落花"，暗寓着一个"闲"字，"不屑屑于世赏"，有遗世独立的意思。由此看来，这是两个人合力的精心之作，很可能是潘曾玮的自制笺。

"悬镜"一笺，画美人对镜图，署"六桥为凌云阁主人作"，则明确是为坊肆所作。（图 ⓮ 悬镜笺）画家是曾任杭州知府的蒙古正白旗人三多，汉姓张，字六桥，号鹿樵，他曾师事俞樾和樊增祥，能书画。另有署"伟人"的画家"为凌云阁主人制"笺，取范成大《醉落魄》"花下吹笙，满地淡黄月"词意，画一女子坐疏枝圆月下吹笙，虽只现背影，而姿态贤淑，足以想见其人。

有些花笺上虽没有显示画家作品与坊肆的关系，但却明标出画家名和坊肆名，应该也是得到画家允许的。如松寿轩制人物笺，署"且将团扇暂徘徊，钱慧安宝"，钤"吉生"印。晋祥茂和有兰等坊以任薰作品制笺，也都属此类。有趣的是一幅"富贵图"笺，署"云如写意，

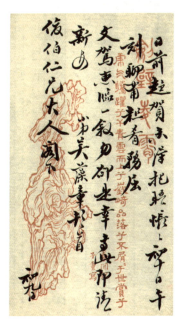

图⓭ "剑壁凌霄"笺

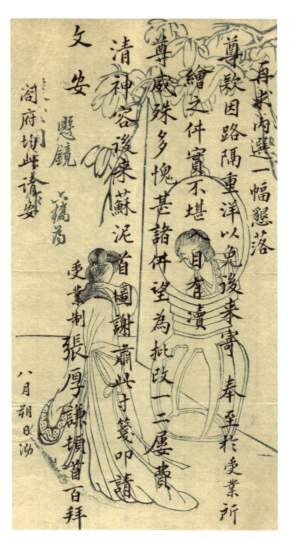

图14 悬镜笺

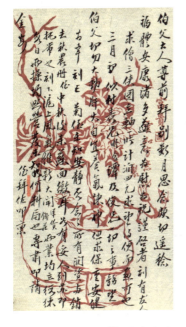 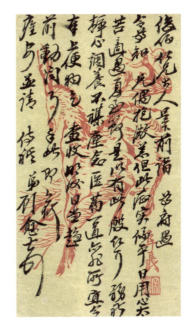

图⑮ "富贵图"笺   图⑯ 庑笺

□□制",（图 ⑮ "富贵图"笺）画家显然是专门为坊肆绘此花笺图案，并留下了补填坊肆名的位置，只要与其达成协议，就可以写上其名号，然而印制出来的花笺上，坊肆名仍是空白，不知是什么原因。

也有些花笺上，只有画家的名字，却不标出坊肆名号，便很有盗用的嫌疑了。如画石笺，款题"好藏莫使令人见，恐有痴情似米颠。丁丑大暑胡铁梅挥汗写"；"蝴蝶满园飞"笺，款署"丽华摹古"；以及多种任薰花鸟笺等，皆属此类。晚清江南花笺中，任薰作品所占比例甚高，非他人所能比，且多数印制精美，可见画家在当时受欢迎的程度。当然也

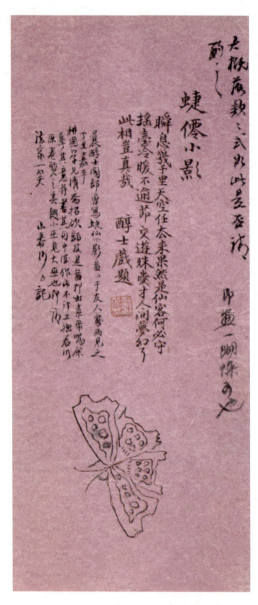

图17 "蝶仙小影"笺稿

有印制粗恶的，如文葆制阜长画鹿笺，简直看不出来是鹿还是马。（图 ❻
鹿笺）

　　晚清江南花笺中，有沙馥为朱林（号耕圃）临摹戴熙"蝶仙小影"
图以供制笺的手迹，成为晚清画人作笺的一个标本。戴熙，字醇士，官
至兵部右侍郎，故称阁部。他工诗、善书画，并臻绝诣，亦能治印，是
古钱收藏与研究方面的卓然大家，沙馥对他相当尊重。戴熙所作"蝶仙
小影"多被人用来制笺，下画蝴蝶一只，上楷书《醇士戏题》五律一首：
"瞬息几千里，天空任去来。果然是仙客，何必守瑶台。冷暖不逾节，
交游殊爱才。人间梦幻了，此相岂真哉。"末后一联用了庄周梦蝶的典故。
（图 ❼ "蝶仙小影"笺稿）沙馥在原笺图案文字上加以墨笔勾勒，以便
制版，并作附记说明：曩醇士阁部曾写蝶仙小影图，△于友人处两见之。
丁丑嘉平耕圃学兄清斋招饮，话及是图，即出素纸嘱余摹其意并书其句。
中酒作此，不计工拙。若以原卷质之，奚翅小巫见大巫也，即请法家一笑。
山春沙△记。沙馥，字山春，他以"△"代名，所见不止一处。笺边附言：
大概落款之式如此，是否？请酌之。这是征求朱林的意见。又有朱林批注：
即画一蝴蝶可也。按光绪丁丑是一八七七年，时沙馥四十七岁，已是成
名画家。

三

诗笺唱和
见世情

选自《十竹斋笺谱》

前代流传下来的笺札之中，时常可以看到诗笺。

前文说过，笺纸最初的用途，就是用来写诗。文人之间的信息互通、情感交流，固可以用散文的书信体，也可以用韵文的诗词体。所以从形式和内容两方面说，诗笺与信笺，都是一而二、二而一的东西。

我所得晚清花笺，虽多属画家之间往还，其中也有诗笺数种。因为古时的艺术家，吟诗作赋是基本的文化素养，故而赠书题画，多半用的是自己的诗作。不像今天，展览会上挂出的书法条幅，写的不是唐诗便是宋词，而且大多是脍炙人口的那几首。有些画家题跋，更是少有自作诗。常见众目睽睽之下，大名鼎鼎的书画家摸出个小本子来，翻翻翻，翻到可用的那一页，摊开在案上，看一句写一句。更有出版商专门编印出"书画常用诗词大全"之类的出版物，好像销路还不错。不过，既然书画家没有取笑今天的诗人不能写毛笔字，书画家不能作诗，也可以视为社会分工细化的结果吧。

言归正传说诗笺。通常诗人以作品相呈，都爱以征求意见为名，既属谦虚，也便于他人批评。如吟清居主人就以"未定草"呈沙馥："相思堆积未全消，今夜银河填鹊桥。从此双星能会合，各将心事诉根苗。"后注："偶缘小窗无聊，拟七夕一首，略为翻新，不识大才如何，即请山春老友斧正。吟清居主人未定草。"他以为前人写七夕，多慨叹牛郎织女遥隔河汉，故欲令双星从此会合，自以为翻出了新意。然而有"金风玉露一相逢，便胜却人间无数"在前，此诗实在难免肤浅之讥。

又佚名"题顾骏叔兄《悟到琴心图》二绝，呈斧政"："但识琴中趣，何劳弦上声（陶渊明句）。小斋时独坐，炉冷篆烟清。""大道付枯桐，枕泉乐未终。高山流水意，尽在不弹中。"用的是松茂制双蝶花草双色套印彩笺。（图❶"悟到琴心"诗笺）

图❶ "悟到琴心"诗笺

顾骏叔，名承，苏州过云楼主人顾文彬第三子，麟士之父，富收藏，善书画。《悟到琴心图》未见，大约画的就是陶渊明和他那张"弦徽不具"的琴，所以作者将陶渊明自述心志的两句话写入诗中。两诗都很泛泛，恐未必能得顾骏叔青睐。

也有人是借诗以言事，如

图❷ 滕虚白诗笺

图❸ 三诗笺

滕虚白让人去沙馥处取画件，就以诗代信："微云疏雨忆幽居，笔砚清凉八月初。杖履秋来应健甚，聿毋挥洒姑徐徐。"诗里写到"一场秋雨一场凉"的季节景象，表达了对老画家的祝愿与体谅：虽然您的身体健旺，也不要急着挥洒笔墨，还是慢着点好。聿，这里用作笔的代称。诗后有注：小诗一绝，敬呈山春仁丈先生斧正，并取所求法绘。道破他呈诗的目的，正是催取画件，可谓言行相悖。（图❷ 滕虚白诗笺）

又见松茂室笺纸，书七绝三首，大约是一组诗笺中散落出来的，第一首失题："冻云积雨压晴虚，向晚增寒索敝襦。一种闲情无说处，挑灯和泪写家书。"写尽了游子悲酸。又《偕周四惕若稳渡瀚海喜而赋此》两首："携手同观沧海日，襟怀浩荡薄层云。蛟龙也解诗人意，不遣风涛扰梦魂。""冰茶铁饭灯如豆，水毂风轮浪似银。枉说乘槎泛星汉，鲛人夜夜织回纹。"虽然不知道诗人的姓名，从诗意看当是清末民初时

117

人，诗与字都可供把玩。（图 ❸ 三诗笺）

至于贺诗与挽诗，例多陈词套语。如石门书画家徐祖培作《七律一章恭挽慕庵世嫂胡太夫人西池之行》："胥陵名族妇称贤，江夏文豪笑比肩。世载良缘成莫逆，一生孝行剧堪传。能和众妾后妃度，为教佳儿孟母迁。叹息河鱼无可奈，浒潮有尽恨难填。"用的全是妇人美德的旧典。

摄影术传入中国以后，亲友间以照片相赠，成为一种风气。照片上通常会有赠言，但题诗数首的并不多见。原南京大学图书馆副馆长施廷镛先生以照片赠友人，背后录自作诗四首："河山万象成新貌，社会千般改旧观。日出东方光大地，红旗到处尽人欢。""每观形势笑颜开，又带欢情镜里来。故我低眉成往事，今朝倍觉畅襟怀。""七十从来号古稀，古稀今已不称奇。端因盛世增康乐，前路光昌足自怡。""白首童心学少年，羡他蓬勃着鞭先。涓埃自效惟依党，奋力红专齐向前。"后有跋：一九六三年国庆节摄此影，以方言率赋四诗，以志襟怀，未计工拙也。施廷镛草。施先生以七十高龄，尚能作此蝇头细字，颇为难得。至于诗中强烈的"时代精神"，自不能苛求于前辈了。（图 ❹ 施廷镛照片正、背）

寒舍所藏值得细说的一批诗笺，是旧年"南通四才子"的唱和之稿。

一九九八年十二月，江苏省教育科学研究所编印《顾贶予纪念文集》时，将顾贶予及友人相关诗文手稿交印刷厂制版，此书印成后，这批手稿原件竟未能妥善保存，二〇〇三年五月流入冷摊，为我所见者共十八件，遂一并购回，其中有唱和诗笺七帧。后赴南通博物苑参观，见展出的顾氏等人手迹，皆为拙藏之件的照片，不禁为之感慨。

晚清、民国年间，"中国近代第一城"南通教育界的四位名宿，徐

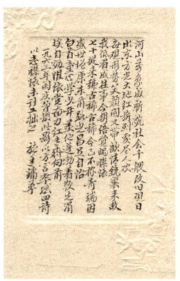

昂、曹文麟、顾怡生、顾贶予，皆善诗文，二十世纪二三十年代组织诗社，时有作品见诸报刊，被誉为"南通四才子"。徐昂，初字亦轩，后署益修，号逸休，少时以第一名秀才入庠，后入江阴南菁书院，与唐文治、丁福保、蒋维乔等同窗。他从一九〇八年起投身教育，且精研《易》学，有著述三十余种，一九五二年汇印为《徐氏全书》，其弟子中卓然成家者有魏建功、陆侃如、王焕镳、蒋礼鸿、陈从周、王个簃等。曹文麟，字勋阁，号君觉，早年留学日本，归国后以教职终老，有著述十余种。顾怡生，名公毅，清末秀才，一九〇六年起在通州师范任教四十五年。顾贶予，名偿基，号幻公，一九〇七年起从事教育工作，日寇侵占南通前夕移居如皋，辗转于抗日根据地各校任教。在南通以近代思想、理念建设"近代第一城"

119

的进程中，发展民众教育被视为最重要的举措之一，让名教师得到社会的充分重视与崇敬。

一九四九年二月顾贶予任南通中学校长。曹文麟赋诗以迎，前有小注：贶公归来，我衰惫不能走访，则以诗达意。当新世界，扬旧积习，可笑人也。诗是一首七律："一别宁期过十年，梦中时晤许楼前。频闻海甸飞双影，纵到霞山隔远天。城郭可归经数劫，朋侪无恙继前缘。向来尽有思君念，无策能催世转旋。"署"弟文麟谨上"，用"君觉用笺"小笺。这一年，顾贶予六十九岁，曹文麟七十二岁，十四年抗战，三年内战，历尽劫难，尚能够"朋侪无恙继前缘"，重享诗友唱和之乐，不能不谓之万幸。后顾贶予七十岁，曹文麟还为他作了一篇《顾幻公七十寿序》，不久曹就去世了，他的"衰惫"不良于行，确是实情。"当新世界，扬旧积习"，可见曹虽老迈，但思想仍敏锐，能清楚地意识到"新"与"旧"的区分。

不久，曹文麟又有诗赠顾贶予，用套色树屋花笺（图 ❺ 曹文麟诗笺），前亦有小序：三月十七之夕，梦幻公姬人谓今岁当以汤饼为寿，因念昔从其邻家闻祝二十之爆竹声，又寿幻公有"仅长蛮奴十九年"之句，审其确也，醒即成一诗："梦境不可测，美人来我前。无端说生日，有验竟何缘。邻屋爆千响，前尘影廿年。飞书凭转语，当为一嫣然。"贶予吾兄哂正，弟（文）麟寄自斥风芨。从前诗的"频闻海甸飞双影"，到此序中的梦见"今岁当以汤饼为寿"，可见曹文麟与顾氏夫妇友谊非同一般。按，顾贶予继室曾奎，少于丈夫十九岁，所以顾贶予六十九岁，正逢夫人年交半百。旧时人寿命短，五十岁便要算是"大生日"了。汤饼，就是今

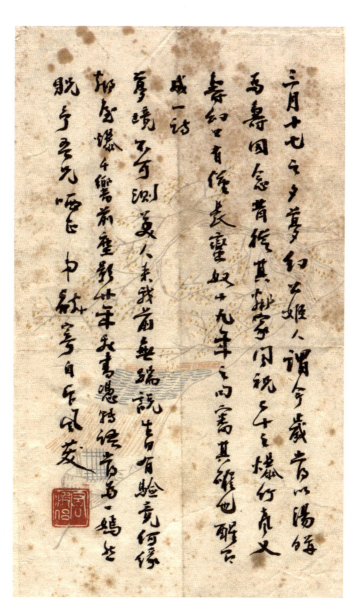

二月十七日夢夢幻女姬人謂今歲吉以陽德
為壽因念昔待其姊家同祝五十之樣行貴又
壽幻世有隆長室奴十九年之內壽其雄也歸乎
成一詩
夢境不可測美人未我前無端說去有驗竟何緣
那令娥千變前塵影此年炎壽憑持誰言另一媽生
脫去吾兄先喝正 中秋寧自作風菱

121

天所说的面片汤，也被借指后来的面条。过生日吃寿面，是流传至今的风俗。

顾觊予为夫人做五十寿庆，曹文麟又作诗以贺："历见夫人弱壮强，发曾未艾屏华妆。流亡海澨神无损，偕老乡关愿已偿。入隊缘溪疑僻野，佐民造国有贤郎。诗篇献媚吾衰矣，百合羹甜不易尝。"后注：二十余年前与伯乔食所飨百合羹，曾纪以句。幻公老兄德俪五十，寿以长律，即乞教正。弟文麟漫草。用"风波侣"八行红笺。此三诗皆作于一九四九年。

这年仲夏，顾觊予有诗赠顾怡生，写在"幻公用笺"上，前有小引："怡生兄鉴：久不谭，良念近诗，录尘吟正并索和章。"诗题《此日》，系五律一首："万劫有此日，一生已老人。乘除多少事，今昔去来身。自尔成欢笑，何须说苦辛。田原容放眼，夏绿况蓁蓁。"历尽浩劫，终有此日，而吾生已老。四人之中，以顾觊予社会地位最高，校长之外，兼有多项社会职务，正春风得意，故以莫说苦辛、放眼田原奉告旧友。（图❻顾觊予诗笺）

顾怡生即和诗《答幻公》："相违廿载外，既见两欣然。漫兴衰老感，还俟太平年。儿并乘时彦，家余计口田。江淮桃李籍，著录已三千。"按，此前南京、上海相继解放，江南大局已定，所以顾怡生有太平可期之说。弟子三千，用的是孔子旧典，表示了对顾觊予的高度赞扬。

曹文麟又赋诗二首，一赠顾觊予，一自况，俱书于"君觉用笺"大八行绿笺上："《解带》一首简觊公：'解带写诚友，今仍余二三。同排文字障，屏尽老生谈。裤生宁为蟊，书陈亦笑蝉。此身狎人海，乐意尚非憨。'《自逸》：'髀肉蓦然多，腰宽腹近皤。欲夸中岁象，其奈老躯何。梦好心

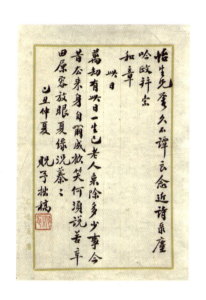

图 ❻ 顾觊予诗笺

图 ❼ 《解带》和诗

才壮，人言颜半酡。闲居聊自逸，精力漫消磨。’觊予吾兄哂削，弟麟草。”"解带写诚"，语出《三国志·诸葛亮传》："亮深谓备雄姿杰出，遂解带写诚，厚相结纳。"像诸葛亮和刘备这样可以熟不拘礼的朋友，如今还有二三位，且不屑为寻章摘句的书蛀虫，虽身狃人海，而心有所乐。刘备感叹"髀肉渐生"，英雄不甘寂寞，此诗则自嘲老态，表示只堪闲居以消磨余生的无奈。

顾觊予依韵和诗二首，一则表示对良朋欢聚的珍惜，一则赞扬曹文麟的久贫心富，祝愿老友共偕长寿："君觉兄以《解带》《自逸》各一首见示，依均作答：'此极足珍惜，良朋尚二三。生老病死苦，上下古今谈。梦好终成鹿，文衰合有蝉。苍茫一俯仰，犹喜吾能憨。’'敢言容物量，此腹且幡幡。时势赖人造，文章奈若何。

久贫心仍富，不饮面能酡。颇有加年愿，良朋长琢磨。'君觉兄吟正，弟偿基草。"（图 ❼《解带》和诗）

四人之中，以徐昂的学术成就最高，惜仅见其贺《睨予老兄七十》七律一首："浮沉沤影十余载，寥廓曾无雁讯闻。旧雨迷离隔云汉，劫灰飞散见斯文。忽惊尘世犹存我，却幸今朝来祝君。未减当年谈笑态，芝兰更喜发奇芬。"末署"庚寅仲秋愚弟徐昂拜祝"。（图 ❽ 徐昂诗笺）此诗意境，确高出他人一头。"忽惊"一联，尤其可喜：久处劫难之中，心志渐于麻木，及见旧友归来，方惊觉自身尚存，非历其境者不得有此感慨，非历其境者难领会此感慨。徐昂用的是"张季直先生事业编纂处"八行红笺，因此名不合道理，故"业编"二字之侧，加盖了一个"史"字，"事业史"才可编纂。

一九五三年，徐昂在其七十六岁寿辰之日去世，一九五五年，顾睨予、顾怡生先后去世。这几位文化人，经历了新、旧时代的转换，并留下了那一代人在转折时期微妙的心态记录。

此后又购得刘焞日记本一册，其中不仅录有他的数十首诗作，而且夹有部分诗稿、剪

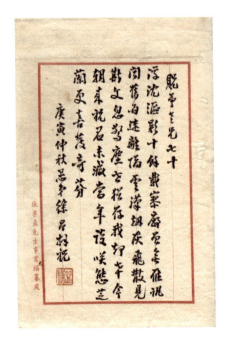

图 ❽ 徐昂诗笺

报及与友人唱和的诗笺。刘是江苏武进人，又名齐家，字朴斋，民国年间致力于乡村教育，抗日战争时期曾在浙南永嘉当小学校长，其时共事者有戏曲史家王季思和新诗人严辰等，因同情进步人士曾两次被捕，后任江苏省政协常委、副秘书长，省人民委员会参事室参事，一九六四年病逝。这本日记始于一九五九年五月，终于一九六四年三月，是他最后一段人生的记录，也反映出时代中知识分子生态之一斑。

刘焯日记中所提到的诗友，除了学者王季思和诗人严辰，尚有南京文史馆馆员杨锡类、温州老教师游止水等，甚至还有越南祖国阵线代表潘必遵。他的诗稿不拘纸笔，常写于旧信封、信纸等零碎纸块，如《漂泊》二首用红铅笔写在政协便笺上："朔风凛冽冷难支，雪洒扁舟欲暮时。从此天涯漂泊去，艰难险阻有谁知。""中原失地数千里，山水含羞草木悲。一路哭声听不得，万家骨肉怅分离。"这应该是重录抗战时期的旧作。《敬赠越南祖国阵线代表潘必遵老先生七绝二首》，写在通用信纸上："越南抗战庆胜利，更喜遵翁访石城。我亦有缘陪末座，新诗读罢益心倾。""中越人民不可侵，几年抗战两关心。从今保卫和平日，团结加强友谊深。"后有注："潘必遵老先生以七八高龄访问中国。潘老先生系中山先生生前老友，此次来南京，在参谒中山陵时，当即以中文写成七古一首，以寄其怀思与敬慕之忱。潘先生为越南人，对于我国古典文学造诣颇深，诚令人钦佩不置也。"这是一九五六年的事，此后两人诗笺往还，又延续了数年之久。（图 ❾ 赠潘必遵诗）

对自以为得意之作，刘焯也会认真抄写给诗友，如一九六二年十二月十日，他给当年的狱友管仲伟写信，呈诗五首："仲伟贤弟：昨天是我

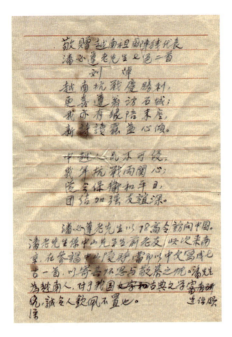

俩在十四年前被国民党伪京沪警备总部逮捕的日子，偶成七绝二首，兹抄给你看看，并请转各位同志指教：'两度南冠吾未死，神州毕竟见光明。妖氛扫荡豺狼灭，回首犹多腾跃情。''人民胜利建新园，地覆天翻十四年。报国有心多病日，有为期汝着鞭先。'另一首为当时素伟同志奔走于南京、上海之间，进行营救而写：'当日死生悬一发，敌人垂死太猖狂。一心营救劳奔走，风雪长途苦备尝。'附当日狱中诗二首：'万民争取和平日，重作楚囚恨不消。一夜西风寒彻骨，咬牙挨过这残宵。''天宁寺里钟声咽，狐鼠横行天地昏。重雾开时天欲晓，舣舟亭外看朝暾。'"按，当时奔波营救刘焯和管仲伟的素伟同志，就是刘焯的妻子，而素伟是通过关系，才把他们救出来的。

刘焯曾以笺纸毛笔写诗给"寿珊长者先生"和"濯渠兄"，写好后又有修改，遂成存稿："连日奉读佳章，欣慰之至，惟焯愧不能诗，偶一属和，奚啻狗尾续貂，遗哂方家多矣。昨读落花一章，寓意颇深，本思辍笔，不敢为和，今晨偶有所感，爰步尊韵成七律一首录呈。"即"横被风吹别

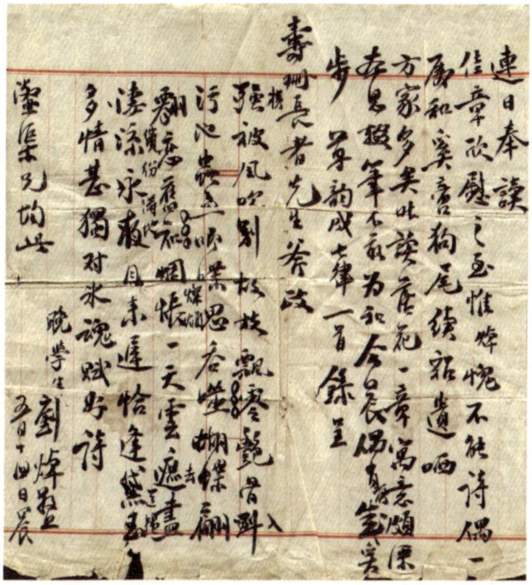

連日奉讀佳章欣慰之至惟焞慚不能詩偶一步韻和韻竟狗尾續貂遺笑方家多矣味讀意興章寫意隨便奉呈拈筆不敢為工台長倘有興致盍賜筆削一首餘正

壽楠長者先生賞改

頻被風如別枝枝
強披…飄零舞骨料
行心…思…蝴蝶翩
翻…一天雲…盡
遠深水澈…月…
多情甚獨對米碗賦野詩

晚學劉焞拜呈
三月十四日晨

溉集兄的詩

图⑩ 刘焞诗

哭劉焞庚辰游山水同志韻并序
一九六五年十一月六日接吾南京楊穎日同志來函，丙附游山水同志哭劉焞七律一章，讀後不覺熱淚中萃。劉焞，余數十年來最…

知己，困苦城…昔以揚豪。憶時…劉焞同志進共同羊…
和已。圖南賦…
扶翁押張壯志研，人民疾苦隆心頭。生平和已…君…民疾榮
悵悵找蓉。由不逐曉魚雁勸，黃花猶對詩篇留。依…藏
月似流水，廟絕人琴巳一周。
千古悠悠幾千秋，料…前古破窮寞，一回退慢一回愁。劉道荒…先生長
云天意誰束蕾研，引領冷…坐石其全張城…
進…區…是…寧久留，其人物洪春秋…
礁山上，撥來日云…曰。
劉焞同志書贈余日南京礁…

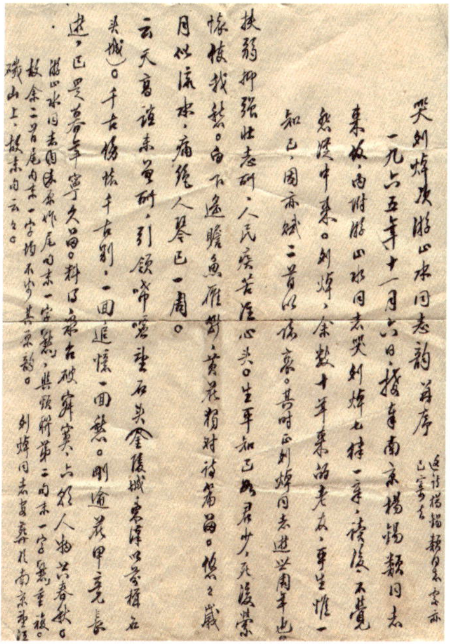

图⑪ 和游止水诗

127

故枝，飘零艳骨入污池。虫鱼唧喋思吞噬，蝴蝶翩跹恋旧知。惆怅一天云去尽，缤纷满地月来迟。恰逢道韫多情甚，独对冰魂赋好诗"。署"晚学生刘焯敬上"。（图 ❿ 刘焯诗）"愧不能诗"一语，可谓贵有自知之明，不像现今的某些人，杂凑打油，就以诗中高手自居。一九四六年夏，刘焯离开永嘉之际，王季思先生写了《送朴斋刘焯先生》的长文，登在八月四日的《浙瓯日报》上，提到刘焯的诗"功力或有不逮之处，可是情感真挚，才气奔放，有着一般诗人所难得的气质"。看他此后二十年的诗作，可说没有什么进步。王季思先生在唱和之外，曾多次为他修改诗作，他在日记中都有记载，并一再表示"改得非常好"，"这样的朋友，真是难得"。刘焯与新诗人严辰也有书信往来，他虽也写新诗，但没有看到与严辰讨论新诗的记录。

这本日记中，还夹有《哭刘焯次游止水同志韵并序》一笺（图 ⓫ 和游止水诗），其中写道："一九六五年十一月六日，接奉南京杨锡类同志来信，内附游止水同志哭刘焯七律一章，读后不觉悲从中来。刘焯，余数十年来的老友，平生惟一知己，因亦赋二首以志哀。其时正刘焯同志逝世周年也。"这位老友没有署名，不知道会不会是王季思先生。

四

现代笺纸与新制花笺

选自《十竹斋笺谱》

伴随着坚船利炮而行的西风东渐，是谈论晚清社会不可或缺的命题。正如俗话所说，"针尖大的窟窿能进斗大的风"，西方科学技术竟能在短短几十年间，达到如此程度，就连执定"中学为体，西学为用"的一代文人，也是始料未及的。

小小的一张笺纸，同样成为这一时代变化的见证。

清末民初，西方现代印刷技术以不可阻挡之势取代中国雕版印刷技艺，与石印书籍一样，石印笺纸也迅速进入市场。阿英先生曾记述多种以《红楼梦》人物、故事为题材的石印笺纸，既有以名家之作为底本的，也有商家专请画人绘制的。不仅如此，西方的机制纸也急剧地涌入中国，占领中国广大的纸品市场。

现代机制纸信笺，最初被称为"洋纸"。洋纸适宜钢笔书写，钢笔又较毛笔为便利，在二十世纪初遂成为文化界的一种时髦。换个角度说，洋纸可以用毛笔书写，而宣纸却难以用钢笔书写，即以此论，洋纸已占了上风。旧式纸坊也不得不生产所谓"洋纸笺",如郑振铎先生所述,"便是把中国纸染了矾水,可以用钢笔写",即用雕版刷印,"以柔和的线条,温蒨的色调,刷印在又涩又糙的矾水拖过的人造纸面上,却格外的显得不调和"。(图 ❶ 洋纸笺)

至于宣纸寿命千年,洋纸不过百年,恐怕写信的人,是不太在意的。有多少思维正常的人,会去考虑自己的一封平常书信,能否流传千古呢?

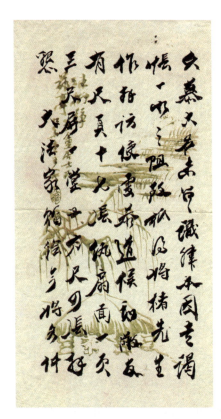

那一时代的亲历者郑逸梅先生,对此变化颇为不满:"所谓名流,多用钢笔洋纸,以趋时尚,不若先辈之拈毫拂素,行间字里,饶有古色古香也。"所以他主张收藏书札的对象"与其当代名流,毋宁十年前之先辈"。然而这一取舍标准,他也难以严格实行,因为他的同辈友好之中,周瘦鹃、程瞻庐、程小青、徐碧波、俞天愤、严独鹤、天虚我生等人,都是喜欢用钢笔洋纸写信的。

传统花笺在"洋纸"的冲击之下,不得不降低成本以争

图 ❶ 洋纸笺

夺市场。鲁迅先生在《北平笺谱序》中所批评的"信笺亦渐失旧型，复无新意，惟日趋于鄙倍"，就是这一背景之下的产物。中国的书局纸坊，亦不得不弃旧图新，纷纷转向机制信笺生产。郑逸梅先生曾说到，民国初年，有正书局发行过一种"时装仕女"新信笺，当时上海妇女尚梳发髻，信笺上印出新髻式八种。又有展示现代生活内容的，如听电话图、绒线手工图、湖丝阿姐图、拍网球图等，以迎合新派人物的需要。这类笺纸，现已难得一见。当然也有坚持传统特色的笺样，我所得有"芜湖世界书局谨赠"的八行笺，笺面双钩两行八字："益人神志，莫如书籍。"（图❷世界书局笺）又"国医马幼垣拟方笺"，笺面双钩"保卫健康"四字，都

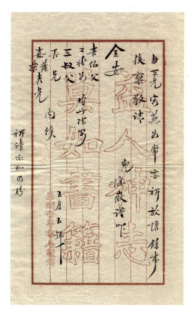

图❷ 世界书局笺

图❸ 毛春塘笺

133

可谓当行本色。有趣的是，马氏处方笺的页边左下角，有"郑式侨印赠"五字。想来郑氏受益于马医生，以这种方式作为报答。上海韦泱先生知我收集旧笺，曾一次寄赠十余种，足见书人风谊。其中如"上海毛春塘笔墨文具庄用笺"（图 ❸ 毛春塘笺）、"上海同康仁纸号用笺"、"上海吴玉记用笺"、"联益房产商行用笺"等，虽然仍为手工纸，但都改用了机器印刷的新式样。

民国年间，流行过一种"伟人笺"，笺端印有民国伟人小影，最受机关中人欢迎。其时反对包办婚姻，提倡自由恋爱，郑逸梅曾与蒋吟秋先生合作过一套"恋爱笺"，郑氏采摘中外有关恋爱的佳句，蒋氏以各种字体书写，五十幅为一组，由某公司印刷发行，可惜现已是片纸无存。

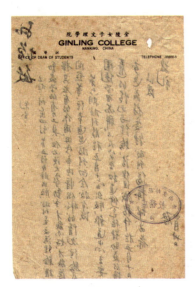

图 ❹ 金陵女子文理学院笺

随同洋纸信笺一起进入中国的，是公司与机关信笺的模式。各机构、学校纷纷印出专用笺，单位名称之外，兼有地址与电话号码，一目了然，便于收信人回复与联络。最富时代特色的，则是在中文名称之外，附以外文，尤其是与西人有关的单位。如教会学校金陵大学森林系用笺，天头英文校名却是"南京大学农林学院"。金陵女子文理学院便笺，天头英文是"中国南京金陵学

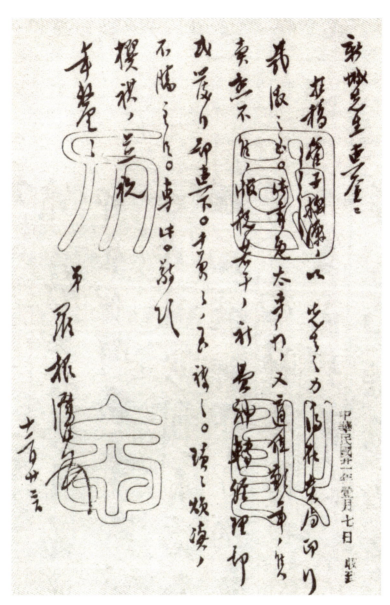

图⑤ "国耻忽忘"笺

院"，且中文自右向左，而英文从左向右。（图 **④** 金陵女子文理学院笺）

各单位员工遂以使用此种信笺为常事，无论公私。但这种信笺，却遭到旧派人物的反感，以为是使用者对其社会地位的一种炫耀。郑逸梅先生便斥其"最为恶俗"，甚至收到友人的信，一定要将上述内容裁掉才觉顺眼。这自然不能阻挡历史的潮流。一九九二年一月，中华书局将其所收藏民国年间学人信札四百件编成《现代名人书信手迹》影印出版，从中可以看出，当时文化人所用笺纸，最多的就是机关单位专用笺，几占十之七八。用传统花笺者甚少。具有特别纪念意义的有下面几种，一是罗根泽先生所用"国耻勿忘"笺，双钩四个大字于笺心；（图 **⑤** "国耻忽忘"笺）一是"上海各大学教授抗日救国会用笺"；一是丰子恺先生绘制的"嘉兴县立中小学第三次联合运动会纪念笺"。

西式信笺面世的同时，也有一种"便笺"的产生，其间的差异，大略相当于传统信笺中的八行笺与六行笺，也就是便笺的书写可以随意一些，不必做中规中矩的书信八股。信笺通常取十六开大小，常见的便笺形式多为三十二开以下。如"国立中央大学教育学研究所

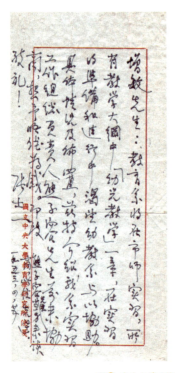

图 **⑥** 中央大学便笺

图❼ 中华苏维埃邮政公用信笺

便笺",其较信笺稍短,宽度缩为其半。(图❻中央大学便笺)然而便笺也有搞得十分正式,比信笺还严肃的。如二十世纪六十年代的南京图书馆便笺,三十二开,天头上有存根,有文号,且须填明"受信人(或机关)""内容摘要""签发者"及"使用时间"。笺头馆名之下,标明"南图便 字第 号(复函请注明本文字号)",其本意,是为了业务工作的查对方便。与此相类的有"南京古旧书店"信笺,也标明" 字第 号(如需复信请注明编号)"。

自有公笺以来,私用已属司空见惯,后常见"私用公家信笺"以贪污公物论处,并须作价退赔之事。

不知是不是为了防患于未然,有些单位的信笺上,标明系"公用笺"。所见如"中华苏维埃邮政公用信笺"(图❼中华苏维埃邮政公用信笺)"保定日报公用笺""南京师范学院公用笺""华北军区八一学校公用笺"等。但公笺私用的现象,并未能因此杜绝。

我所接触到的现代信笺,以南京各级政府机关、文化部门的为多,包括部分驻宁军事机构,而对中央大学与金陵大学、金陵女子文理学院等院校的信笺,尤有兴趣,因为从信笺上的校名变化,可

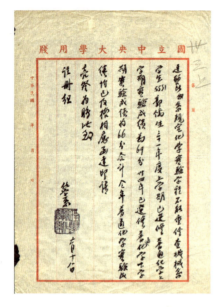

图❽ 中央大学笺

以看出这几所高校迁并沿革的痕迹。常见的有"国立中央大学用笺"，属通用的八行红笺，天头印校名，也有笺纸右侧印出"第　页"，左侧印出"中华民国　年　月　日"的。（图❽中央大学笺）"金陵大学用笺"大体与此相同，地脚或印出"校址：南京天津路二号"。这是一种基本格式。"国立中央大学体育系用笺"，地脚标"地址：南京四牌楼　电报挂号——五三"。因为当时电话尚不普及，线路不畅通，而电报反可保证在规定时间内送到。"国立中央大学医学院"及"国立中央大学医学院法医学科用笺"，下均注地址"南京丁家桥"，即今东南大学附属医院前身。"国立中央大学材料实验室"八行竹纸笺，下注地址"重庆沙坪坝"，则是抗战时期该校内迁的痕迹。

有一封"金陵大学总务处"公文用笺，红印十二行，笺首印出"抄　送　"字样，笺尾署款。此笺的内容值得一读，照式抄录如下（图❾总务处抄件）：

抄教育部代电　发文训字第三五二六五号　中华民国卅七年六

138

月廿五日

　私立金陵大学密：据有关机关报称，最近若干学校内重要共匪份子已不经请假手续，纷纷自行离校，潜往匪区等情，合亟电仰切实查明前项私自离校学生，予以开除学籍处分，并将姓名、离校日期及所属科系、年级详列具报为要。教育部　印。

　姑不论既已"潜往"，开除还有何实际意义，这样具有鲜明时代特征的信笺，其价值当远超过单纯的艺术笺纸。

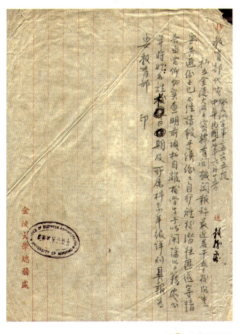

图❾　总务处抄件　　　　　　　　图❿　加盖笺

一九二八年由中国人自行管理后，金陵女子文理学院及其隶属系科的各种笺纸，又恢复为旧式，笺面只印出红色长方界框，界框左侧竖排笺名，框内无界行，可以竖写也可以横写。金陵女子文理学院一九五一年与金陵大学合并，后并入南京大学，一九五二年更名南京师范学院。在那个年代，"国立中央大学教育学研究所便笺""私立金陵大学教务处用笺""金陵女子文理学院笺""金陵女子文理学院儿童福利实验所笺"等，一直被南京大学和南京师范学院沿用到二十世纪五十年代中期。如"私立金陵女子文理学院图书馆用笺"，加盖"南京金陵大学图书馆"蓝字长方印，应是该校并入金陵大学后所用。"私立金陵女子文理学院训导处用笺"，加盖"南京师范学院"蓝字长方印，当是该校更名后沿用。（图 ❿ 加盖笺）

一九四九年八月至次年十月，中央大学更名为"国立南京大学"，这个校名只用了一年零两个月，也留下了"国立南京大学师范学院用笺"，竖十行红笺，文字俱右起左行，界框右标" 字第 号第 页"，左标"公历一九五 年 月 日"，下标"校址：南京四牌楼 院址：南高院二楼 电报挂号：一一三五（后改二六九九） 电话：二四二一四转九号"。此时的"南京大学"笺，校名之下标"校址：南京四牌楼"，即中央大学原校址，同样是一个短暂时期的记录。此后南京大学迁址金陵大学校园，新的"南京大学用笺"，下标校址便是"南京鼓楼天津路"了。

南京师范学院沿用了原金陵女子文理学院校园，"南京师范学院"十二行毛边纸红笺，后标"地址：宁海路 电报挂号：一五九七"，同时

图⑪ 同济大学笺　　　　　　　　图⑫ 同济大学关防

也有"南京师范学院"机制纸横行笺。另"南京师范学院地理系"四十开十行红笺，系名下标"南京（八）宁海路　电话三三四五五"，笺右行外印"　字　号　页"，笺左印"年　月　日"，虽尺幅甚小，当属正式用笺，而非便笺。

因为南京的高校用笺，可以成为一个专题，所以也注意到其他大学用笺。如"国立同济大学用笺"，红栏八行，以宣纸和毛边纸印制，各有大小二种。另有毛边纸公文用十行连笺，尾页上印"中华民国　年　月　日"字样，并钤有"国立同济大学关防"篆书朱文长方大印。（图 ⑪ 同济大学笺、图 ⑫ 同济大学关防）又如院址在镇江北中正路医政路的"国立江苏

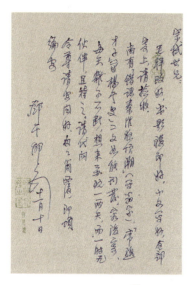

图⑬ 邓云乡笺

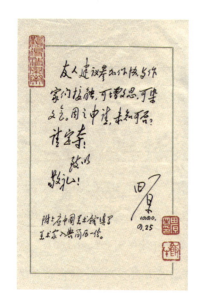

图⑭ 田原笺

医学院公事用笺"，有在左下角标明印制厂家、时间与数量的："景伦38·1·4000。"即民国三十八年（1949）一月印四千页。"国立江苏医学院附设医院用笺"，亦在左下角标明印制时间和数量："37·8·20000。"此外还有一种"国立江苏医学院用笺"，仅十行栏线，末行栏线下半标笺名，属便笺形式。

郑逸梅先生曾说到，他"所爱重的是名人自制的笺纸"，如王一亭专门绘制的赈灾笺、吴湖帆依宋刻《梅花喜神谱》所制笺、谢国桢的复印戏单笺、丰子恺的缘缘堂画笺、张大千的画梅笺和画松笺等。在《尺牍丛话》中，他列举了数十位书画家自制笺纸的名目，可见早在民国年间，搜集名家自制笺，也以同时代之物较为易得。时至今日，以毛笔写信的人已是凤毛麟角，自制笺纸就更为罕见了。

现当代人的自制笺，沿用传统格式竖写的，多在笺尾标明笺主，如梁启超先生的"饮冰室用笺"，刘半农先生的"半农书翰"笺，吴梅先生的"悠然小筑"笺，陈鹤琴先生的"陈鹤琴用笺"，蔡尚思先生的"尚思用稿"，卢前先生的"饮虹宦"五行笺、"饮虹簃"稿纸，都是如此。邓云乡先生自制"水流云在之室自用笺"，右侧起首处为一葫芦形印，篆文"红楼"二字，左下钤"水流云在之室"篆文长方印，下排印"自用笺"三字。（图❸邓云乡笺）而田原自制"难得清闲斋"笺，左上角印"难得清闲斋"篆书长方印，右下角印"田原之印""饭牛"两篆文方印，看起来虽是竖式，但因左起右行，所以只适宜横写。（图❹田原笺）

取西式供横写者，多在信笺天头标明笺主，如钱仲联先生自制"梦苕庵用笺"。（图❺梦苕庵用笺）徐仲年先生自制笺两种，于中文姓名、单位、地址之外，兼有英文译文，还有一种左下角印自己的免冠照片。成都书友龚明德在十年前曾印过一批"六场绝缘斋"笺，"六场"泛指官场、商场、文场、赌场、情场、舞场之类，也就是与俗世绝缘、专心于书的意思，现在好像也不用了。

图❺ 梦苕庵用笺

图 ⑯ 大圆信笺

自制笺纸既少，故而多数文人学者所用，仍是纸坊所售八行笺，甚或就是素纸。约二十年前，扬州古旧书店出售蒋逸雪先生旧藏图书一批，我曾选得数种，其中夹有一九四〇年五月端阳"无所有居士大圆"致蒋逸雪函，用毛边纸八行红笺。（图 ⑯ 大圆信笺）按，民国年间作为太虚法师得力助手的唐大圆居士，对东方文化素有研究，曾主编《东方文化》杂志。他在信中纵谈中国学术流变，兼及东西方文化比较，"学术之用，本在救人，若以杀人，则安用学？欧化科学，制奢侈品足以竭宙合之菁华，造杀人器足以致人类之灭绝。故'大学之道，在明明德'，'在新民'，亦可云中西略似。至'在止于至善'，则虽聚西哲百辈，闭门思之十年，无能得其涯涘也。凡思逾至善之阈而不知所止，必至于不善。故飞机、炸

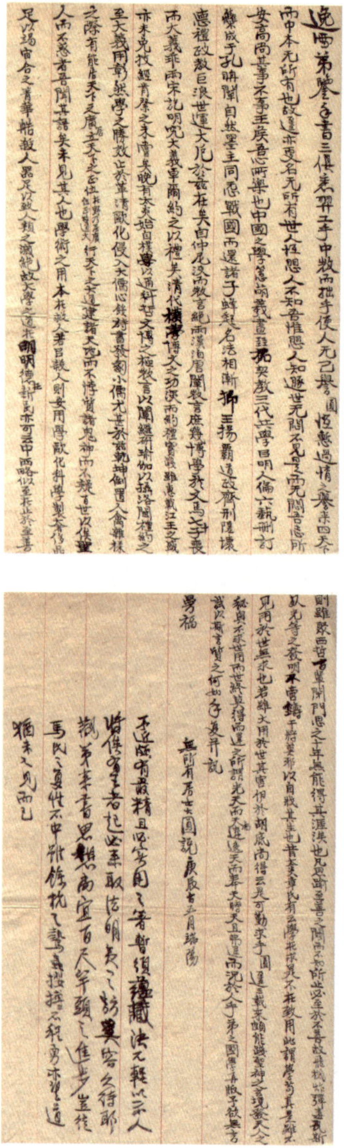

144

弹、毒瓦斯、死光等之发明，不啻铸干将、莫邪以自戕其生也。昔太炎章氏有云，学在求是，不在致用，此谓学。苟真是，虽不见用于世，无求也，若虽大用于世，其害伊于胡底，尚得云是可勤求乎"。

信后又有附言：予近有最精且实用之著，暂须蕴藏，决不轻以示人，将俟有王者起，必来取法。明夷之访，奚容久待耶。观弟来书思想，尚宜百尺竿头之进步。岂徒马氏之复性不中，虽余杭之鸷虫，摆搏不程，勇亦望道，犹未之见而已。"马氏之复性"，指时在四川复性书院讲学的理学大师马一浮之学说。唐大圆居士自视甚高，可惜他终未能等到抗日战争的胜利，在一九四一年二月去世。不知道他所说的这部著作，是否流传下来了。

收藏现代信笺，重点自当在于书信的内容。不过某些特殊时期的笺纸，也不妨作为一种收集的专题。

民国年间开始出现方格稿纸，但新式学人习惯横写，旧式学人仍习惯竖写，所以店家多标明"两用稿笺"，以广开销路。如上海金星公司出版的四百字凯明稿笺就在腰封上标出"横直两用，写作便利"的宣传语。金星公司原在厦门路，后迁浙江路。此笺由求古斋书局售出，所以又盖有其经售章，地址在上海吕班路霞飞路口。（图❶两用稿笺）另如"大东书局制"二百四十字稿笺、"上海求益书社精制"四百字稿笺，则直接标示为竖式。据陈克希先生告知，求益书社是群益书社的后身，店主名陈汉声，在公私合营前已倒闭。

又如侵华日军军用笺，曾见数种，多为竖十四行笺，也有竖二十九

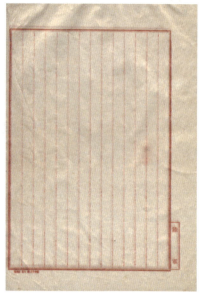

图⓱ 两用稿笺　　　　　　　　　　　　　　图⓲ 日本陆军笺

行笺，界行有红色、有赭色，书耳处标示"陆军"，产地则有"东京　奥谷纳""大阪　阪本纳""昭和十三·四　大阪　阪本纳"（图⓲ 日本陆军笺）等，想来还会有海军和空军用笺。不过多年来所见都是空白的，或许写过的都已寄回日本去了。这种"军用笺"在南京的不断出现，也是日寇侵华的战争罪证之一。

　　解放战争后期，中国人民解放军攻占各城市之初，都曾有过一个军管阶段，也就相应出现了城市军管会用笺，如"中国人民解放军苏北军区南通区军事管制委员会用笺"。（图⓳ 军管会笺）笺纸标示较简单，往

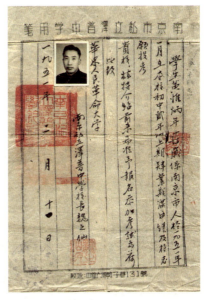

图⑲ 军管会笺　　　　　　　　图⑳ 油印笺

往就是"某某省某某市军管会"。

二十世纪五六十年代，油印书刊资料很常见，于是在一些小单位，也出现了专用的油印笺纸。"南京市私立泽普中学用笺"便是一例。（图⑳ 油印笺）此笺系该校校长出具的学历证明：

学生黄惟炳，年十七岁，系南京市人，于一九五一年一月在本校初中贰年级上期肄业期满，成绩及格，志愿投考贵校，兹特介绍前来，希准予报名，参加考试为荷。

此致

华东人民革命大学

南京私立泽普中学校长魏之仙

一九五一年二月十一日

信上粘贴有该生的一寸半身免冠照片，除校长的私印外，钤有"南京私立泽普中学钤记"篆书朱文大方印。背面尚有"华东人民革命大学招生委员会验讫"楷书圆形蓝印，证明该生确曾凭此学历证明参加报考。一个初中生在当时形势的感召下报考革命大学，这也可以算是那个年代的一种红色文献了。按，此笺尾有该校校址"中华门东剪子巷一三一号"，据此可知该校就是后来的南京市第十八中学。

民国年间的"国立北平师范大学用笺"，曾一度在天头上印出一百多字的"总理遗嘱"，左右两侧分印"革命尚未成功，同志仍须努力"。这一形式当时似未见有人仿效，不久也就不存在了。

回过头来说花笺。

图㉑ 陈子庄笺

二十世纪中叶，花笺的生产一度趋于停滞。除了北京荣宝斋、上海朵云轩、成都诗婢家等硕果仅存的老字号，难得再有什么地方生产这种迎合旧文人习气的东西了。影响最大的，当是荣宝斋一九五三年补刻再版《十竹斋笺谱》，一九五八年再版《北平笺谱》。又如陈子庄先生二十世纪六十年代初为诗婢家画过一套十枚白描山花笺稿，刻印俱佳。（图㉑陈子庄笺）桂林八桂斋于二十世纪七十年代印制的桂林山水笺，一套八枚，系杨靖华先生赠我。那一阶段，一些老文化人所用的花笺，多是过去留存下来的。二十世纪末在南京书市上，曾购得荣宝斋制单色压印古器花笺四种，所用宣纸以四层裱托，厚度近乎卡纸，故图案深凹，十分

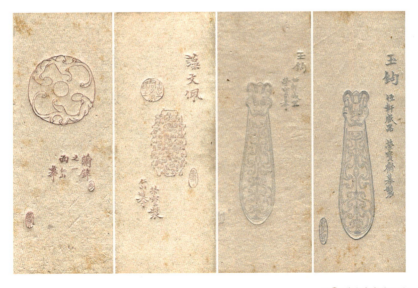

图㉒ 荣宝斋卡笺四种

149

可喜。"藻文佩""蒲璧之一面"两种，署"荣宝制，仁山摹"，钤印"寿寿""丐"。另两种"玉钩"，署"恒斋藏器，荣宝斋摹制"或"荣宝摹"，俱钤"印丐记"。"丐""印丐"即与荣宝斋关系密切的篆刻家寿石工先生。由此可知这几种花笺的刻制，出自寿石工先生之手，其时当在民国年间，流传至今已甚难得。（图 ㉒ 荣宝斋卡笺四种）类似卡笺上海也有生产，所见有中国切纸公司制笺，上方影印文字，下方青铜器图案不但压花，而且是双色套印。（图 ㉓ 上海卡笺）

二十世纪八十年代开始，花笺生产渐有复燃之势。上海朵云轩以饾版、拱花技艺复刻《萝轩变古笺谱》（图 ㉔ 萝轩变古笺），在一九八一年

图㉓ 上海卡笺

图㉔ 萝轩变古笺

150

图㉕ 《西厢记》版画笺

图㉖ 桃花坞笺

图㉗ 天一阁笺

图㉘ 华宝斋笺

面世，是一个划时代的事件。只是此本仅印了二百部，且每部售价高达三百元（少量古色纸本定价三百三十元），明显是作为收藏品而非实用品。扬州广陵古籍刻印社在改革开放以后，曾利用所存《西厢记》插图旧版刷印花笺销售。（图 ㉕《西厢记》版画笺）十竹斋、荣宝斋、西泠印社等老字号，也都有利用旧版或翻刻新版刷印的新花笺问世，但多为八幅、十幅一套的小组合。此外还有苏州《桃花坞笺谱》、宁波《天一阁制笺》、中国宣纸集团公司《金乌阁水印信笺》等，所见不下数十种。（图 ㉖ 桃花坞笺、图 ㉗ 天一阁笺）一些新兴的线装古籍印刷单位，如杭州富阳华宝斋，在二十世纪九十年代初，曾生产影印花笺作为礼品，后又尝试制作了《华宝斋木刻水印信笺》，一盒约七十枚，有单色人物、花卉古器、

图 ㉙ 复旦大学笺

西湖十景，有无色拱花剑侠传人物，有套色山水、人物、花鸟等，虽尚不足称精美，在同时期新笺中也算差强人意。（图 ㉘ 华宝斋笺）此笺原为王稼句先生所藏，听说我需要现代花笺标本，即举以相赠，其情可感。王稼句先生的书法自成一家，常以所得花笺，辛辛苦苦写了送朋友。某年新春，他忽发愿，要学胡适当年给朋友寄"拜年字"。收到的朋友，都热情地鼓励他把这个好传统保持下去。二〇〇七年他寄来的"元日试笔"，写在"复旦大

学出版社珍藏名人手札笺"上，也是华宝斋影印的。（图 ㉙ 复旦大学笺）

大体而言，二十世纪末的新出花笺，即用宣纸或毛边纸，有许多是以旧笺图案制版机印或影印的。木版刷印件和影印件不难分辨，只要翻过笺纸背面，看有没有压印的凹凸痕即可，如果背面一平如砥，那就应该是影印的。当然，如果色料调得过稀，刷印过轻，也可能不产生背痕，只是图案往往轻淡模糊，甚至不完整。运用现代印刷技术在宣纸上做出"水印"的效果并不困难，但有经验者还是可以区别，木版水印的图案边缘，会有一定的晕散或色彩错叠现象，影印图案的边缘则过于规整。影印花笺的欣赏效果，不能说一定比木版刷印的花笺要差，但毕竟是两种类型的东西了。影印花笺为节约成本计，通常只取单色，偶尔也有多色的，如国家图书馆出版的"西谛藏书系列笺纸"、中国书店出版的《北平笺谱》等。

二〇〇〇年，扬州广陵古籍刻印社开始精工影刻《北平笺谱》，饾版套色水印，刻成一半时即装盒面世。然而多家出版社影印的《北平笺谱》纷纷以低价位占领市场，广陵古籍刻印社也就不得不生产影印花笺参与竞争。但它毕竟是专门的古籍刻印机构，二〇〇九年传统雕版印刷技术"申遗"之际，广陵古籍刻印社拿出的就是这

图㉚ 《童嬉图》笺

图 ㉛　《金瓶梅版画》诗笺　　　　　　　　　　　　图 ㉜　《插花艺术》彩笺

套《北平笺谱》。这不免让人喜忧参半，喜的是这一传统技艺的价值得到全人类公认，忧的是一种日常用物竟成为生命力遭遇危机的"文化遗产"。

　　二十一世纪初，复制前代花笺又形成一个小热潮，如广陵古籍刻印社复刻《萝轩变古笺谱》《十竹斋笺谱》《云蓝阁诗笺》，扬州春在堂复刻《童嬉图》笺（图 ㉚《童嬉图》笺），《金瓶梅版画》诗笺（图 ㉛《金瓶梅版画》诗笺），西泠印社影印《北平笺谱》，各有意趣。最新鲜的，是广陵古籍刻印社"木刻饾版刷印"的《插花艺术》彩笺，以日本花道池坊流《插

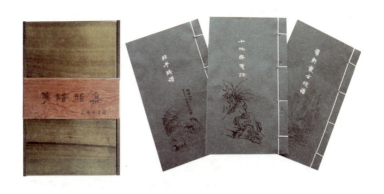

图❸ 《笺谱雅集》

花百规》的一百幅图复刻为笺画，印制亦佳。（图 ❷《插花艺术》彩笺）

　　随着花笺社会影响的扩大，各种利用古代花笺图案制作的文创衍生产品层出不穷，以满足不同层面的读者需求。除影印笺纸之外，多的便是笔记本。所见最具匠心者，当数商务印书馆二〇一七年六月出版的《笺谱雅集》，将《萝轩变古笺谱》《十竹斋笺谱》《北平笺谱》各选百余图，以宣纸影印，线订为三册，装入特制的木盒，号称"中国笺纸艺术的典藏之作"。然而影印既不能反映饾版技艺，更无法呈现拱花效果，只能算

155

"中国笺纸图案的典藏之作"吧。（图 ㉝《笺谱雅集》）当然，此书毕竟让广大读者得以了解三部名笺谱，在花笺知识普及方面，还是有积极作用的。

《十竹斋笺谱》的衍生产品遍地开花，唯独其故乡南京多年无动于衷。这种技艺流失、品牌流失的情况令我痛心，遂通过各种渠道呼吁振兴"十竹斋"，很快得到文化界同仁的呼应。经数年酝酿，二〇一六年四月，文史、艺术、出版、收藏诸方面的专家学者五十余人在南京举行研讨会，具体磋商重刊《十竹斋笺谱》的意义与可能，并达成共识：以饾版、拱花技艺印制的《十竹斋笺谱》，是中国雕版印刷史与世界文化艺术史上的奇迹。通过复刻《十竹斋笺谱》，"打造大国工匠，再现艺术经典，彰显城市文化"，是我们这一代人的使命与职责。南京文化投资集团正式启动重刊工作，得到了国家图书馆的大力支持，以馆藏郑振铎先生捐赠的明代初版珍本《十竹斋笺谱》作为底本，让这一次复刻能够正本清源。同时在全省范围内精选雕版、印刷技师，组织精干复刻团队以保障工艺水准，应用的版材、颜料、纸张等各种原材料，都有严格的传统工艺标准，以保证真实、完整、全面地重现《十竹斋笺谱》的明代原貌。（图 ㉞ 新刻《十竹斋笺谱》）因为没有具体技术资料，从版材选择、工具制作、图案分色、奏刀雕版、饾版叠套、拱花砑印、掸色晕染，每一个技术环节，都必须在实践中探索，都经过大量试验与反复研究。全谱二百六十七页画面，一套成品的雕版数量将近两千块，每一块都须精雕细琢，每一印都须全神贯注。当重刊《十竹斋笺谱》呈现在大家面前时，距鲁迅、郑振铎先生着手复刻《十竹斋笺谱》已有八十年，距朵云轩复刻《萝轩变古笺谱》也有四十年。李致忠先生作《重刊十竹斋笺谱序》，高度评价了

十竹齋珍藏

图❹ 新刻《十竹斋笺谱》

图35 傅申书笺

这一成果。傅申先生来南京时，见此新笺，也欣然命笔。（图 ㉟ 傅申书笺）我因忝为十竹斋传习所所长，得以亲历全过程，对花笺制作工艺有了更深切的理解。

新世纪以来，纸品市场又生波澜，许多书画家刻意搜寻旧纸，越古越好，至迟也要二十世纪七十年代以前的。据说新近生产的宣纸，纸浆中加入了现代化工原料，酸性过重，容易吸收空气中的水分而湿腐，保存期只与机制纸相同，不过数十年。而传统宣纸寿可千年，即使已过数百年，也比新纸耐久得多。亦有人搜求旧纸古墨，用于伪造古书画之材料，使现代科技的测纸检验手段失灵。当然也有人只是出于趣味，如书友韦泱先生，就常在旧书摊上收集晚清旧账本，取其空页为笺纸，以毛笔给朋友们写信，别具韵味。

五

名纸、拜帖与贺卡

选自《十竹斋笺谱》

在流传下来的前代书信之中，往往可以看到同时期的名片。

今人使用名片，通常是当面递交，也有附在书信中寄交的。而在古代，名片则多由他人代为转交，与书信一样，是一种人际间接交流的工具。地位低的人拜访地位高的人，须先请守门人把名片送呈主人，主人不愿接见，可以原片交还。而声望高的人则可以凭一纸名片，让人为他办事。《儒林外史》中的豪绅，动不动就拿自己的名帖，把谁谁送到衙门里去打板子，虽是一种戏谑的夸张，但旧时名片确实具有这样的作用。至于在名片上写明事由，请别人持片去取物取钱，也都是可以办到的。

名片，古称名纸、名帖、名柬、拜帖、拜片等。北宋高承《事物纪原》中，引汉代刘熙《释名》"书姓名于奏上曰书刺"，认为"名纸之始，起于汉刺"。他还说了一个小故事，东汉祢衡初到都城，准备了一枚名刺放在怀里，因为没有人可以去拜访，时间久了，字迹都被磨得看不清楚。"怀刺字灭"即出于这个典故。后世又衍生出"名纸毛生"的成语，意思是名纸被磨毛了。祢衡的名刺，并非纸本，而是狭长的竹简，所以名之为"刺"。

南宋人吴曾在《能改斋漫录》中，以为高承的说法不准确："虽名纸为刺之变，然高说无所据。"虽然名纸由刺演变而来，但前人并没有说过名纸就是刺。他指出名纸一词，最早出现在南朝梁，据北宋孔平仲《续世说》记载，梁何思澄整天忙着拜访达官贵人，"每宿昔作名纸一束，晓便命驾，朝贤无不悉狎"，头天晚上准备好了一批名纸，天亮就开始奔走，一家家都跑遍了。但后世仍习称名纸为名刺。因名帖常作为拜访他人之介，故又称拜帖。用来盛放拜帖的盒子，遂被称为拜帖匣，简称拜匣。拜匣里也可以盛放礼金及小杂物。

南朝名纸的形式，今人已说不清楚，大约也就是以一张纸片，写上"某某再拜谒，诣起居"之类的敬语，或者再加上自己的官爵和乡里。今天还可见到的清代名帖，是一张约四十开大小的宣纸，染成红色或黄色，木刻墨印楷书大字姓名于其上，一般是个人具名，但也有例外，如程氏炳字辈弟兄四人有共印的名帖，"程炳"二大字下，并列"慈、忠、仁、惠"四小字。(图 ❶ 程氏兄弟名帖)

名帖上姓名居中，四边的空处，可以用来留言，作便条之用。郑逸梅先生在《尺牍丛话》中说到，由于书信的繁文缛节，为人所厌，遂有便条出现。便条的特点，一是文字简明，二是多用行书，三是可以利用废物，写在各种旧纸上。"日历之纸背面书写亦宜。尤以名刺上书写，最为普通。此例古已有之。"

名帖留言，采用的格式与信笺有所不同，收信人的姓名，不是写在笺尾，而是转写到最前面，置于印成的本人姓名之前，以示尊敬。如潘

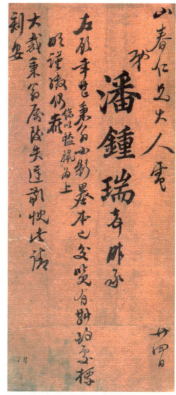

图❶ 程氏兄弟名帖　　　　　　　　　　　　　　图❷ 潘钟瑞名帖

钟瑞的名帖为鹅黄小笺，中印姓名，由留言可知此帖是送呈沙馥的："山春仁兄大人电：昨承左顾，幸甚。秉翁小影墨本已交览，有斟酌处，标明谨缴，仍候大裁（总以艳丽为上）。秉翁嘱致失迓歉忱。此请刻安。弟潘钟瑞顿首。"（图❷潘钟瑞名帖）潘钟瑞，字麟生，号香禅居士，是苏州"贵潘"族人，潘世恩裔孙，与潘祖荫同辈，以增贡生为太常寺博士，善书法，精辞章，著有《香禅精舍集》，《近代词钞》收其词作二十二首。

165

秉翁或是其长辈，故由其代理此事。沙馥为秉翁画像，先以墨本征求本人意见，待修改满意后再上色，也见慎重之意。

　　陈标让人送自己的画作去请沙馥指教，以名帖留言："久慕高才，少领雅教，念甚羡甚。兹呈上画稿一幅，如裨谌（堪）草创之作，望祈椽笔削正，庶可当行出色。借重大才，勿却是荷。种费清神，容当面谢。此请沙大老爷山春仁兄大人晏安。"此帖背面以朱泥印出陈氏的字号和行辈："少霞，行一。"这是当时的一种惯例，如沈熙名帖后有朱印"松岩"二字，吴理杲的名帖后有朱印"似村拜片"四字（图 ❸ 似村拜片），张熙名帖后有朱印"拜客用"三字。余起杲因搬家，名帖后除朱印出字号"祥青"外，又印出自己的新地址："移寓侍其巷两广会馆斜对过。"

　　古代名帖的用途很广，可以用作诗笺，诗作通常写在背面，呈人请指教，亦被用作借条，如朱祖翼向沙俊伯借戏靠："凭条告借戏靠两堂，望交来役挑下为荷。"这当然也是熟悉朋友之间的往来。一些不宜或不想当面说的话，写在名帖上差人送交对方，最为方便。如张宝书以名帖留言给陈仲文："昨承委付第二红《汉书

图❸ 似村拜片

166

博闻》四本，刻沙俊翁翻阅，云尚少卷一二三四两本。想因忙中携误。今奉闻，如两本现在案头，希即交徐益翁处尊管为盼。"（图 ❹ 张宝书名帖）一套书少了两本，让人凭此帖去索取，免了两人当面计较的难堪。又如潘艺芬在名帖上附言致沙俊伯："所事已有先入者，其中种种婉委，乞即转致前途。如能另托他人，或能成功亦未可知。弟尚未与言名姓也。"别人所托的事未能办到，以一纸相回复，也免了当面解释的麻烦。

以名帖言事，写在自己名帖上固是常理，而写在他人名帖上的情况，

图❹ 张宝书名帖

也相当普遍。所见数十张清代名帖，几乎都被人写得密密麻麻，有的还写到了反面。想来当时人家收到访客的名帖，就留在门房里，后有客人来访，主人或不在家，或不愿见，客人只好在门房里，借用前人的名帖写个便条留下。习以为常，双方也就不以为忤。

借用他人的名帖书写便条，须将原主刻印的姓名圈去，并注明"某某拾纸"或"拾片"，以免误会。其格式与用自己的名帖留言相同，都要把收信人的姓名写到右边第一行，留言人的姓名则写在名帖主人的姓名之下，以示对他人的尊重。

167

如沈熙的名帖，"沈"字被圈去，由"熙"字下开始另写："立候画件。前交上之折扇一叶，为时已久，想可法缋。因今夕登舟返里，即付去手至要。此渥。即请山春先生暑安。夏寅生拾片启。"又附言：家叔之件，如已画好，亦祈交下。（图 ❺ 沈熙名帖）王季麟的名帖，姓名三字都被圈去，另写："澄远妹丈有扇头一个，得暇费神一绘，写意花草可也。手此，即颂俊伯仁兄世大人文安。世弟俞乃济。"

搜集此类清人名帖的趣味，就在于其所提供的信息量相当大。到了民国年间，西式名片起而代之，除了采用竖式之外，与今人名片已没有什么差别，而且相对简洁。用于私人交往的，往往只居中印出姓名，左下角注明字号与乡里，以免同名混淆，见面时奉上，便于相互称呼，没有必要就不向对方提供更多的个人信息了。属于公务用片的，则会于姓名之外，在右上角印出所在单位，左下角印出地址和电话。也有人印制不同的名片，以备不同场合使用，如王之宰的两种名片，一种在右上角印出职务"陆军三等兽医正"，另一种就不印。张月英的名片，一种印出职务"南京市第五区柏果树国民学校校长"和籍贯"江苏丹阳"，姓名下注的"秋洁"应是她的字，另一种就只印"张秋洁""江苏丹阳"。（图 ❻ 王之宰名片、张月英名片）总体而言，民国名片上保存的信息量有限，只是作为一种老物件而引人关注。我的朋友中，王稼句先生的名片可谓有民国遗风，作竖式，正面只印姓名，背面印地址电话。当然也有些人的名片上，头衔印得密密麻麻，甚至要做成两折或三折，像一部微型自传。

清人名帖，除用于拜客之外，也常用于拜年。

夏历正月初一相互拜年，古已有之。《后汉书》中已记载朝廷举行新

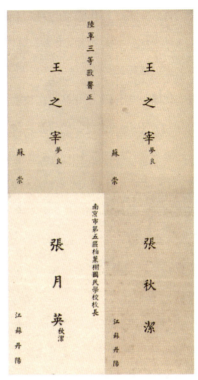

图❺ 沈熙名帖　　　图❻ 王之宰名片、张月英名片

年朝贺的仪式。官员们在参加过朝廷元会和衙门公宴之后，复私相拜贺，以联络感情，结党营私。民间同样重视拜年之礼，《荆楚岁时记》记载，在放过驱邪祟的鞭炮之后，便是"长幼悉正衣冠，以次拜贺"，老老少少都穿上光鲜的衣服，往来拜节。

因为人人都想尽早到别人家拜年，遂发生一个矛盾，就是贺客到门，但主人外出拜年去了，无从相见。辈分或地位较高的人，便采取一个折中的办法，派子孙代表自己到人家去拜年，自己则在家中等别人来拜年。更多的人家，主人外出拜年时，留下"门簿"和笔砚，让来拜年的人写下姓名，以便回拜。还有人家更省事，粘个红纸袋在门上，袋上写着"接福"或"代僮"，让贺客把拜帖留在袋里。"接福"，是说主人将有人来拜年视为福分，"代僮"即以此替代门僮。别人来拜年，不但主人闭门不出，连守门人还是个替代品，未免让贺客感到无味。有人遂以其人之道，还治其人之身，干脆派个僮仆把大红名帖送过去，俗称"飞帖"或"飞片"。答拜者也依此办理，结果拜帖遂成了贺年活动的主角，市井间竟以所得投帖之多为荣耀。据黄濬《花随人圣庵摭忆》记载，南宋张世南收藏有北宋元祐年间秦观致常立的新春贺帖，上书"观敬贺　子允学士尊兄正旦　高邮秦观手状"。其时飞来飞去的拜帖，还是手写的，内容也就是简单的祝贺语。

当时一些以正人君子自居的人，认为这种做法缺乏诚意，颇生反感。据说司马光任阁僚时，就不送拜年帖，说："不诚之事，不可为也。"明代的文征明较为通达，有《拜年》诗道："不求见面惟通谒，名纸朝来满敝庐。我亦随人投数纸，世情嫌简不嫌虚。"可见此风已相沿成习，见惯不怪了。到了晚清，此情愈滥，就是亲自上门拜年的人，也不登堂入室，只在门口叫一声"接帖"，丢下拜帖便走。有些僮仆投帖，像今天发小广告的人一样，胡乱塞完了事。主人家晚上检点名帖，往往会发现若干素不相识的人。据说有些上海人最图便捷，连"请留尊柬"的红纸袋都不准备，让人直接把名帖从门缝中塞进去，主人傍晚归来，还真是一番"名纸满敝庐"的气象。

到了民国年间，西式的硬卡纸贺年片开始流行，有条件的人习惯于

图❼ 戈宝辰贺卡、吴宗兴贺卡

自印贺卡。有的就像清人拜帖那么简单，如戈宝辰贺卡，以粉红卡纸上印出大红字"恭贺新禧　戈宝辰鞠躬"，因是寄给"二哥"的，所以在姓名前又用毛笔添了个"妹"字。此卡的背面，印有她的通讯处："鄞县乡村师范戈寄，地址——鄞南斗门桥。"也有的讲究一些，印上吉祥图案作为背景，如吴宗兴贺卡，白底上印黄色汉画像"车马出行图"和篆书"年年载载永保平安"，上压印红字"恭祝岁釐"和"吴宗兴载拜"，外加银边。要表达的意思都有了，寄出的时候，也就可以不再写什么字。（图 ❼ 戈宝辰贺卡、

171

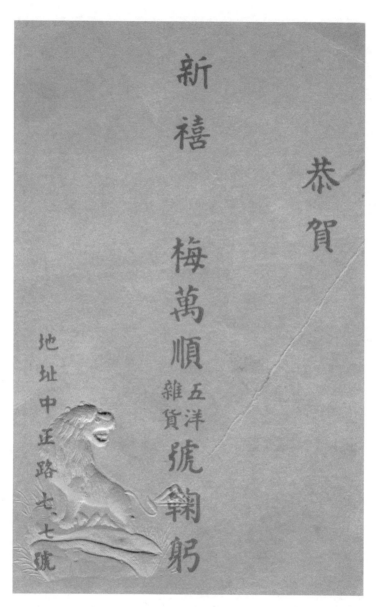

恭賀

新禧 梅萬順雜貨號鞠躬 五洋雜貨

地址中正路七七號

吴宗兴贺卡）因为贺卡上没有标出具体的年代，故可以连年使用。旧时商家也会自印贺年片，如南京中正路梅万顺五洋杂货号所制贺卡，粉纸红字，左下角有踞山雄狮一只，运用了西式的机制压空技术。（图❽梅万顺贺卡）

二十世纪五十年代初，延续旧形式的通用贺卡尚有出现，但已增入了新的时代气息。如阮文午、武文桑贺年卡，下部图案仍为传统的车马出行图，上部则是飞机、火车、水坝、高压线桥和工厂的组合图案。按，阮、武二人是越南留学生，一九五四至一九五八年间在南京工学院求学，此卡当系赠中国师生，所以签名用了中、越两种文字。后阮文午成为越南名教授，并被聘为东南大学客座教授。（图❾阮文午、武文桑贺年卡）

其时贺年卡的一个变化，是正规印刷的自制贺卡逐渐消失，青少年学生手工制作的简陋贺卡流行，如一九六一年世纯赠文启贺卡，烫金加烫银，算是下了功

图❾ 阮文午、武文桑贺年卡

夫的了，而远不能说精美。（图 ❿ 世纯自制贺卡）也有画家自制手绘贺卡，如天津画家易白石一九六一年贺卡，作双折，卡边压花，卡面钤

图 ⓬ 上海青白工艺社一九五四年年历卡

"恭贺新禧"篆书朱文印，内页画花鸟小品，就精雅多了。（图 ⓫ 易白石手绘卡）另一个变化，是以阳历元旦为新年，并将全年的月、日、星期表印在贺卡上，多了一种实用功能。这样的贺卡又被称为年历卡。有些商家也借赠送年历卡的机会做广告。如一九五四年上海青白工艺社的年历卡，不但背面全印广告，正面也印上了"破烂旧绒线，机器翻成新"的宣传语。有趣的是，他们还将年中首日星期相同的两个月印在一起，乍看上去全年只有八个月。（图 ⓬ 上海青白工艺社一九五四年年历卡）年历卡多为长方形，非长方形的异形卡，因制作不易，就很少见。所得几种双面年历卡，一种正面印一九五六年年历，背面印一九五七年年历，边饰凤凰牡丹，凤凰的长尾环绕三边，而年历卡

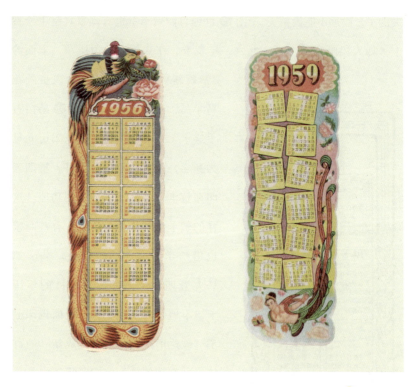

的边缘也随之切成波浪形。一种是一九五八、一九五九两年，边饰天女散花。（图 ⑬ 异形卡两种）

　　本人所见尺幅最大的贺卡，以八开纸四折，封面彩印《群仙祝寿图》局部，右侧竖排红美术字"恭贺新禧"。封底下方有说明："这幅'群仙祝寿图'（部份）是我国清代名画家任伯年的作品。谨以此画向您贺年，祝您长寿幸福！"上方以金粉印由仙鹤与蝙蝠组合而成的传统福寿图案。内页空白，可供书写祝语。因为所用全为繁体字，应该是一九五八年之

图⑭ "群仙祝寿" 贺卡

前的作品。（图 ⑭ "群仙祝寿" 贺卡）

　　二十世纪六十年代初，摄影贺卡一度成为时髦，为青年人所欢迎。因为当时能买得起、用得起照相机的人微乎其微，相片便也成为稀罕的东西。北京市美术公司以首都风光，尤其是十大建筑为题材，印行了多种贺卡。上海、南京、西安、青岛等大城市的摄影图片社，以及不少高等院校，都有类似贺卡发行。照片贺卡，通常就是一张风光照片，加上"新年快乐""新年好""恭贺新禧"等祝语，也有的为适应青年人的需要，印上"祝您身体好、学习好、工作好""祝你进步"之类祝词。照片的大小不一，小的有如书签，大的达六十四开，通常为黑白照片，也有以植

图⑮　植绒字贺卡　　　　　　图⑯　皮子窝贺卡

绒的方法，加上红字或绿字祝语。（图⑮植绒字贺卡）只有极少量是以底片上色的办法，制成彩色照片的，如"青岛天真"一九六三年印行的"青岛湛山塔"，祝词是"祝贺友谊与岁同增"。又如辽宁"新金县公私合营皮子窝艺新照相馆出品"的彩色贺卡，产地可能要算其中政区级别最低的。（图⑯皮子窝贺卡）

摄影贺卡中也有年历卡，数量比风光卡少，现在已经成为一种专项收藏品。所见最晚出的是一九八一年年历卡，六十四开大小，配了电影明星陈冲的照片。（图 ❶ 一九八一年年历卡）此后由于照相机逐渐普及，这类贺卡顿失优势。新一轮的照相贺卡，多为人们以自己的照片制作的个性化贺卡。如被誉为"扬州第九怪"的火花大王季之光，就曾以自己与琼瑶夫妇的合影配上名人题词"火花"，粘贴在卡纸上赠送朋友。

20世纪六七十年代，由于印刷技术的进步，一百二十八开彩印压膜年历卡风行一时，其一面为年历，一面为当时的宣传画、样板戏剧照等，后来也有儿童生活、体育运动、祖国风光等内容。因为发行量、存世量太大，除了时代烙印鲜明的品种，其他尚不得重视。

二十世纪八十年代起，一些多才多艺的文化人，又开始自制贺卡，作为给朋友的新年问候。我的师友中，作家兼画家的王川先生以所作小品制贺卡，人物画家郶科先生也以卡纸作画贺年（图 ❶ 郶科画贺卡），藏书家赵龙江先生以他富于晋唐风韵的小楷书件为贺，藏书家韦泱先生挑选百年旧纸书吉语为贺。沈建中先生以其珍藏的汉砖、瓦当墨拓印成贺卡，徐重庆先生则以家乡风光印成贺卡……近年最具特色的是韦

图❶ 一九八一年年历卡

179

图⑱ 郁科画贺卡

力先生"芷兰斋新年贺卡",每年新样出,都成为读书界的热点话题。二〇一三年用的是"芷兰斋藏《施顾注苏诗》宋嘉定六年淮东仓曹刻本"图案;二〇一四年用"芷兰斋藏《鸿雪因缘图记》"敷彩本图案(图⑲芷兰斋新年贺卡);二〇一五年用"芷兰斋藏清菩提彩绘十八罗汉像"图案;二〇一六年贺卡做成雕版式样,在金丝楠木上仿刻芷兰斋藏元代官刻本《宋史》第三百六十五页;二〇一七年用杨家埠永和店手工雕版刷制年画……也只有芷兰斋以藏书之富,才有这长袖善舞的可能。

除此之外,我在淘书的同时,也留心文人学者寄赠的贺卡,陆续亦有所得。如陆定一、严慰冰夫妇及《红日》作者吴强先生赠惠浴宇、顾

相見叱馭

鴻雪因緣圖記

相見叱馭

鎮遠府為滇黔門戶一水中通萬峯環繞凡自五

漢來者至此登陸余抵郡適黔撫嵩曼士先生 名清洲 生令官軍遣來迎并移稛奏請

旨俟麟慶到任交印接護等語麟慶自維疎陋又值楚

粵猺匪未靖遵防孔亟謹具稟乞先生暫緩卯日

易奧起行鎮道款留余不可遄望前途峯嵐欑簇

如禮葊迎客行五里抵文德關舊名油榨勢甚陡 名勢

峻輿夫揮汗如雨余擬易馬呂泗如太守 順天舉人 名紹賢

人以敬事須敬身為言乃止或又以路滑最陰請

掩帷而行余不可適偏橋土司牟熟苗跪迎道左

以繩繫輿爭為負引苗皆撮髻穿耳延女實男並

有植白羽於鬢左者詢知為苗童未婚之飾自是

升則負繩而趨降則弛繩而挽末升常數倍於

降其負物不用肩以二木交叉荷於項而繫以繩

徒跣善走立則支拄比近偏橋有嶺曰相見坡坡

凡三重中阻大溪沿路盤旋螘蟷如磨行坡坡

上复陟首坡則尾坡見至尾坡迴矚則首坡見立

中坡前後望則首尾齊見且此以手招彼以口應

图⑲ 芝兰斋新年贺卡

图⑳ 陆定一夫妇、吴强贺卡

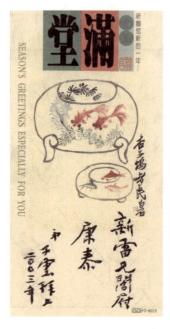
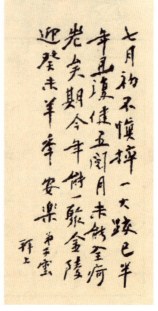

图㉑ 魏子云卡（正、背）

182

图 ㉒ 范曾贺卡   图 ㉓ 叶侣梅手绘贺卡

静夫妇贺卡，是友朋交往的一种佐证。（图 ⑳ 陆定一夫妇、吴强贺卡）再如单霁翔、陈燮君先生赠龚良先生贺卡等。有些作家学者的贺年片上，还会提到旧年或新年的作品与活动，如台湾地区学者魏子云先生二〇〇三年寄南京大学教授吴新雷贺卡，背面有满幅墨书附言："七月初不慎摔一大跤，已半年，且复健。五阅月未能全疴，老矣。期今年能一聚金陵，迎癸未羊年安乐。弟子云拜上。"（图 ㉑ 魏子云卡正、背）这一年，魏老已是八十六岁高龄，两年后即辞世。

书画家的贺卡，往往更有特色。如上海美协副主席徐昌铭壬申年使用的贺卡，就以自己所绘的一只手捧仙桃的猴作为封面的主图案，内页再亲笔写上贺词。画家范曾壬戌年所用贺卡，上方印的是他所作的《双寿图》，下方烫金印"恭贺新禧"四字，再下面是其亲笔题写的"嘉曾表弟雅藏，壬戌江东范曾"，并且押了"范曾所作"白文方印。（图 ❷ 范曾贺卡）桂林山水画研究会会长叶侣梅的贺卡，则是取一方卡纸，以彩墨在下方点染出桂林山水一角，钤印二方，"叶"字朱文印，"侣梅"二字白文印，上方题写"恭贺新禧，叶侣梅，一九七四年春节于桂林"，实在就是一帧精雅的国画小品。（图 ❷ 叶侣梅手绘贺卡）

近年来，名人手迹的价值日益为人所认识，过去被人随手轻掷的旧贺卡，也成了收藏者淘金的目标，收集变得不是那么容易了。

六

明信片与请柬

选自《十竹斋笺谱》

说到贺年卡，不能不说说若干年间倾城倾国的邮政贺年（有奖）明信片，其每年的寄发数量，常达几亿枚，肯定是全世界耗用量最大的一种邮政明信片。

邮政贺年明信片自一九八一年年尾首次发行，图案多采用古今名画，艺术性较高，逐渐引起社会关注。然而到了一九九一年，可以兑奖的贺年有奖明信片问世，才真正引发举国轰传的效应。四川省集邮公司还专门为此发行了一枚纪念封，以"倡导书信文化，增添喜庆气氛"为号召。（图 ❶ 贺年有奖明信片发行纪念封）集邮界多赞扬其与生肖邮票的同步运作成功，却忽略了中国邮政史上一个划时代的变化：正是从这枚明信片开始，沿用了四十二年的"中国人民邮政"铭记为"中国邮政"铭记所取代，以同国际接轨。近年来渐兴电话拜年、电子贺卡拜年、微信拜年，纸质贺卡有逐年减少的趋向，据专家计算可以节约大量木材，倒是顺应了节约资源的时代潮。

通用型的邮政明信片，旧时亦称明片，因为所书写的内容，没有信

封包藏，人皆可见。虽然中国古代的露布和檄也没有封缄，但那都是公文而非私信，所以不能算是明信片的前身。从某种意义上说，明信片相当于没有信封的便笺。

　　国际公认的说法，明信片由奥地利黑曼博士在一八六九年发明，次年德国出版家施瓦茨将一面印成画片，很快风行欧洲各国。一八七八年在巴黎举行的第二届万国邮联大会，即决定在国际通信中允许使用明信片。曾有人将明信片与十九世纪四十年代初产生的圣诞卡相联系，但圣诞卡上没有标示邮资，自不属于邮政用品。因为大小相当的卡纸画片也被当作贺年片使用（图❷画片贺年），遂有人将其统称为明信片，其实是出于误会。明信片自有其规范形式，虽可变通，但至少应该在上方印出发行国名，右上角印出邮票图案。无邮资明信片也须在相同位置印上

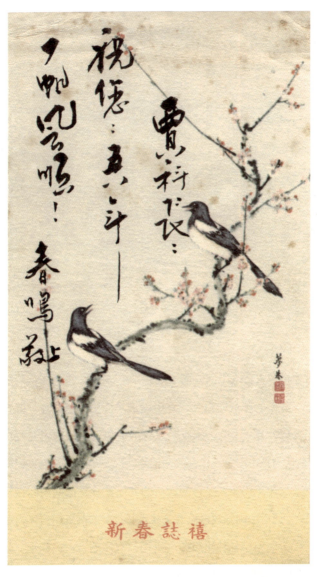

图❷ 画片贺年

A 153 Looking at Fishes on the Flowery Lagoon
West Lake, Hangchow

杭州西湖花港观鱼

图❸ 商务印书馆明信片

"贴邮票处"字样。

　　明信片在清末传入中国，同治十三年（1874），上海工部局书信馆发行的面值一分银的邮资明信片，是中国最早使用的明信片。但直到光绪二十三年（1897），"大清国邮政"发行的面值一分银的团龙戏珠竖式明信片，才被认为是中国第一枚邮政明信片。早期明信片如信封一样属竖式，但光绪三十二年（1906）发行的四版团龙明信片，已同国际接轨，采用规范的横式，此后中国邮政再没有正式发行过竖式邮资明信片。民国年间，明信片已广为应用，各种出版印刷机构都有印制，正面标示"邮政明信片"，以竖线分为两栏，竖线旁说明"右边只写收信人姓名住址"，左边则可写短信，右上角有方框注明"粘邮票处"，背面彩印各种图案。如商

务印书馆出版的风景明信片，多达数百种。（图 ❸ 商务印书馆明信片）

明信片品类丰富，简而言之，可分为邮政明信片（邮资片）和无邮资明信片。邮政明信片只有邮政部门有权发行，最初出现的都是朴实无华的普通明信片。我国直到二十世纪八十年代才开始发行贺年邮资明信片、纪念邮资明信片、风光邮资明信片等带装饰图案的邮政明信片。无邮资明信片须另贴邮票才能寄发，只能以画面特色取胜，所以设计者争奇斗艳，或摄风光，或绘名画，或映世相，或作纪念。当代无邮资明信片印制更为精美，但因发行品种太多，数量过大，只能作为艺术品欣赏，专门收集的人并不多。

明信片上能容纳的文字量有限，往往仅是只言片语，所以成为当时社会活动的准确记录的明信片图案，更为收藏界所重视。郑逸梅《尺牍丛话》中记载，民国初年，曾出现一种"逊政纪念明信片"，"袁寒云获之，以为至宝。片上刊有辞政上谕，字细如蚁足，首端印有溥仪及太后肖像，下端则袁项城、孙中山像也，钤有辛亥十二月二十五日图记。闻出于某国人所制，外间绝少流传"。袁寒云是袁世凯的儿子，清帝退位，袁世凯是直接关系人，所以袁寒云会如获至宝。

加盖明信片，也是一种特殊的历史见证。中华民国初年出现过以清代团龙明信片加盖"中华民国"字样的暂用片。

亦如花笺被用作诗笺，明信片也会被用作诗笺。一九八一年江都王栎寄《江南诗词》副总编刘隽甫普通明信片，背面写七绝一首。又贵州新诗人张某寄"联合国四十周年"纪念邮资明信片给友人，背面"录旧作"《赠冬》，且是一首新诗："你为我捎来雪花，我赠你早开的山茶。

洁白是你的勉励，鲜红是我的回答。"一九八四年萍萍寄明信片给"诗友"明华贺新年，背面抄了彭伊娜的《致友人》："如果你有哀伤遗留在心上，请把它抛弃，新年的钟声响了。让我趁着星月，掬第一捧黎明的露水，为你把创伤洗涤。时光更新，心灵也应更新，愿新的一年，给你带来的每个日子，都像五月一样的灿烂。"

与明信片一样多用卡纸制作的新式请柬，是由信函中细分出来的专用纸品，同样是中国人"礼尚往来"的重要证物。以一纸柬帖邀人参与某种活动，在古代多系当面递送，今人则常装封邮寄，故而也可以归入书札一类。请柬的形式，向无固定。《红楼梦》中写香菱学诗，探春笑道："明儿我补一个柬来，请你入社。"这柬自然是手写于纸上的。如吴藻章以花笺写请帖邀沙俊伯午餐："俊伯老哥大人如握，屡欲趋候，每为事阻，而思念之忱未尝不时时在抱也。辰惟起居康胜，定符肸颂。十二日午刻略备粗肴，务屈惠临一叙，勿却是幸。仲威处已邀订矣。"（图❹吴藻章请帖）其中说明了所请的其他客人。又程炳慈请沙俊伯吃晚饭，以名帖作请柬："翌日酉刻备有粗肴奉候大驾，至时一叙为幸。"郑逸梅先生曾记邓散木逸事："粪翁以金石书法鸣海内，每次以艺品公开展览，必公开发柬。其柬绝别致，一次用拭秽之草纸，印以仿宋字；一次作一断残碑石之拓本式，其风趣可知。"

民国年间的请柬，今天已不大容易见到。如南京印制的手工卡纸通用请柬（图❺民国请柬），黄色仿古器图案及铭文，上压印红字三行，时间、地点都空格待填，"洁樽候教"自是请酒宴的意思，"教"字抬头放大，以示恭敬。又如上海"私立圣心女子中学"油印的毕业典礼请柬，

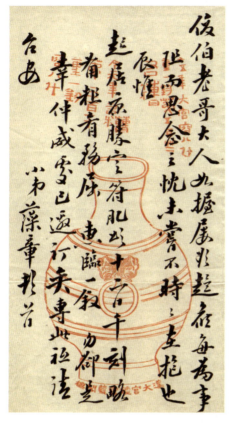

图④ 吴藻章请帖　　　　图⑤ 民国请柬

"兹订于七月十九日上午八时卅分假陆家浜路市南中学大礼堂举行毕业典
礼，敬希贵家长拨冗光临"，"贵家长""光临"两处抬头，虽是教会学校，
但遵从中国礼仪。注明"凭柬入场"，是对参与者做出限制。（图 ⑥ 圣心
女子中学柬）

图❻ 圣心女子中学柬　　　　　　　　　　图❼ 加印请柬

　　二十世纪五十年代，旧式请柬仍被沿用。如一种拱花彩印古器通用卡纸笺，古色古香，相当精雅，被南京市玄武区工人俱乐部用红油墨压印为请柬，姓名另用墨书。（图 ❼ 加印请柬）又如中华医学会印制的手工纸拱花彩印古器请柬，横式两折，一九五六年冬，内页被打字油印出会议通知，"兹定于本月五日（星期一）下午二时半在东单三条中国协和医学院礼堂前厅举行座谈会，恭请光临"，外页上被加盖红字"急件"戳，颇带有时代的烙印。（图 ❽ 中华医学会请柬）

二十世纪五十年代以后，在组织与个人之间，"请柬"多为"通知"所取代。这隐示着人际关系的微妙变化，也就是从邀请转向命令。通知单多为简陋的一纸便条，或铅印或油印，以求节约。

私人交往中，用得上请柬的正式活动，自然也就少而又少。所见最多的，只有婚礼请柬。如龚康镛嫁女，用文具店出售的通用婚礼请柬，以浅红方胜纹和"囍"字为底图，上端加绿色云纹和圆如红日的"囍"字，下端加绿色波浪纹，中部印红字："谨詹公（农）历　月　日为　结婚之

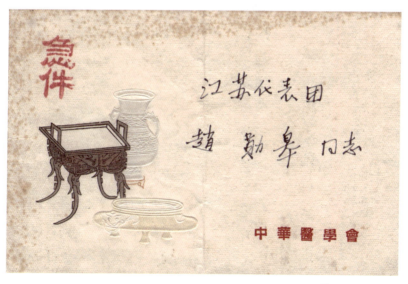

图❽ 中华医学会请柬

期，敬治喜筵恭请阖第光临　鞠躬 / 恕邀　席设　""阖第"抬头以示恭敬，时间、地点及结婚人的姓名自行填写。此帖尾填明"席设金陵东路一五六号鸿运楼，下午三时观礼，五时入席"，喜欢热闹的人可以三点即至，不想参加观礼的人可在开席前到场。至于所请对象，则毋庸填写，因为当面呈送，自然明确，而邮寄则须外套信封，封上会有姓名。此帖将所请人的姓名填到天头上，是不合规矩的。另公历、农历并列，是因为当时民间对于公历往往仍不如农历熟悉，而由此卡上的公历十一月六日即农历九月廿二日，可以推算出是一九五五年。（图 ❾ 龚康镛请柬）

讲究的人家，会专门印制婚礼请柬。如周、朱两家喜帖，粉红底色卡纸，外框压花印金色缠枝花卉，顶端双心相叠，内印红囍字。框内红字格式同前："谨詹于公历一九五五年一月一日为长男伯乐、幼女素英举行结婚典礼敬备喜筵恭请　阖第光临　周高钱珠、朱有仙鞠躬　恕邀　席设建国西路一五〇弄八号本宅。"也就是周家

图 ❾ 龚康镛请柬

196

图❿ 请柬两种

的长男娶了朱家的幼女，由男方的母亲和女方的父亲具名请客，因为地点在自己家中，客人早来晚来关系不大，所以没有标示开席时间。上海住房一向紧张，自己家中能摆得开几桌酒席，必是大户人家可知。

婚礼请柬也可以由新婚夫妇具名，如袁振涛、赵婉芬喜帖，淡红卡纸，外框烫银边，内框压花纹，于左上角压印牡丹花一束，外套圆边，内印红字："我俩谨詹国历五月二十二日（星期四）在上海万利酒楼举行婚礼敬备菲酌恭请　阖第光临　袁振涛、赵婉芬敬订　恕邀　席设四马路万利酒楼　四时行礼　六时入席。"（图 ❿ 请柬两种）从用语

197

可以看出，这一对夫妇显然是新派人物。按，万利酒楼一九五八年被拆，此前阳历五月二十二日当星期四的，有一九五二年和一九四七年，但"国历"一词，始于辛亥革命后，一九四九年后普遍称"公历"，故此柬很可能是一九四七年之物。此柬原为上海藏书家韦泱先生所有，他听说我在寻找老请柬标本，即以此相赠，热诚感人。

婚礼完成后，主人家因收受了贺礼，依礼应向来宾表示谢忱，也常采取信函的形式。如所见叶恭绰拜启，就是以红字印刷在八行笺上："前以犹女于归，辱承厚惠！银桦螺盏，遽增压奁之光，宝篆瑶笺，亲写催粧之句，更劳玉趾，弥感蓬荜。恭绰萧寥自放，婚嫁相乘，才难咏絮，愧非安石之家，诗咏夭桃，等了向平之愿。肃鸣谢悃，祇颂台绥！"用了谢道韫、向子平等典故，谦虚地表示侄女虽然不才，但总是了却了长辈的心愿。（图 ⑪ 叶恭绰谢启）

而丧礼，近年来，一些老文化人告别世人时不再用传统的讣告。如一九九九年早春，赵瑞蕻先生辞世，夫人杨苡遵照他的遗愿，寄给朋友们的是一份紫红卡片（图 ⑫ 赵瑞蕻遗嘱），首页上方印着先生的照片，下面是先生的诗作《我的遗嘱》："我已到达了生命旅程的终点，向亲友们告别，说声'珍重！'无须追悼，让火焰拥抱我，请把骨灰洒在仙岩梅雨潭中。对我的后代只有一点热望——做个光明磊落的人！窗前石榴树又快要开花了，烂漫的梦魂会年年歌吟！"内页左面是先生旧居和窗外那株让先生念念不忘的石榴树，上面压印着先生的手迹《石榴树》。右面是先生在树前的留影、诗作《我的头发》手迹，尾页是先生的生平介绍和主要著译作品目录。这样一种诗的意境、火的色彩，正符合先生的

图⑪ 叶恭绰谢启

我的遗嘱

我已到达了生命旅程的终点，
向亲友们告别，说声"珍重！"
无须追悼，让火焰拥抱我，
请把骨灰洒在仙岩梅雨潭中。
对我的后代只有一点热望——
做个光明磊落的人！
窗前石榴树又快要开花了，
烂漫的梦魂会年年歌吟！

图⑫ 赵瑞蕻遗嘱

深切缅怀王辛笛（馨迪）先生

听着小夜曲写去
王辛笛

走了，在我似乎并不可怕
躺在花丛里
静静地听着小夜曲去
但是，我对于生命还是
有过多的爱恋
一切于我都是那么久可亲
可念
人间的哀乐那都是那么可怀
为此，我就终于舍不开离去

王辛笛著作

图⑬ 缅怀王辛笛

风格。二〇〇四年王辛笛先生辞世，友人印制"深切缅怀王辛笛（馨迪）先生"，首页是先生在书房中欢快的笑颜，内页是先生的生平介绍和著作书影，也印出了先生《听着小夜曲离去》手迹："走了，在我似乎并不可怕 / 卧在花丛里 / 静静地听着小夜曲睡去 / 但是，我对于生命还是 / 有过多的爱恋 / 一切于我都是那么可亲 / 可念 / 人间的哀乐都是那么可怀 / 为此，我就终于舍不开离去。"同样展示着先生的风采。（图 ❸ 缅怀王辛笛）

七

杂纸小品

选自《十竹斋笺谱》

笺札之间，常会混入各种相类的杂纸，亦有不无收藏意义者。与笺札收藏相关的杂纸中，首先应该提到的是通讯录。

通讯录是常见之物，其收藏价值，一在关涉名人信息，二在出自名家手笔，倘二者兼得，自然更佳。旧年所得张正吟先生手抄古琴谱一册，前六十余页抄录古琴曲十七首，后附二十六页通讯录，皆二十世纪七十年代到其家参加古琴雅集者，凡三百余人。（图 ❶ 琴人通讯录）所用为十四行红栏线笺纸，前半系张正吟先生以毛笔手录，后半则多为来人自写。其中有甘涛、程午加、刘正春、孙梓仙、梅曰强、龚一、邓文权等多位南京音乐界前辈，更多的则是南京老文化人，如夏冰流、杨建侯、谭勇、刘汝醴、黄纯尧、叶矩吾、王一羽、黄养辉、尉天池、喻继高、周占熊等。通讯录上诸公如今多已作古，其时还是中学生的画家郚科，现已年过花甲。当年张先生总让郚科坐在琴台边的小凳上，所以他清楚记得，这部琴谱就放在琴台上。

二十世纪末，在南京的旧书市场上，意外地见到一批晚清活字印刷

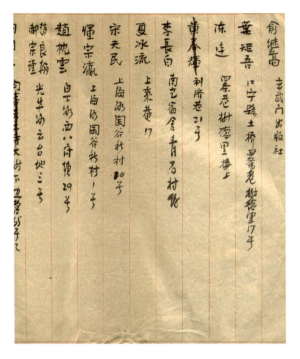

图❶ 琴人通讯录

《石头记画谱》封套，其形式和功能，皆可比类于信封，故亦于此作一介绍。（图❷《石头记画谱》正、背）

封套长约三百毫米，宽约一百四十毫米，以薄宣纸制作，封口在背面侧边。正面蓝印版框内，"石头记画谱"五个大字居中，右侧小字"附吴中名人册页画稿"；左侧小字"光绪十四年　月　日第　号"，自第二号起，空格内俱填入某月朔日或望日及号数。右下角钤红印小字两行："大观园全图及序言并一二三四回画谱以后陆续附出"；左下角钤红印价目："计图十幅，实洋一角。"背面蓝印版框内是"苏城府西吏库陆宅诗中有

图② 《石头记画谱》（正、背）

画馆主人"对这一套画谱的介绍："本馆不惜重赀，特请毅卿王君绘成《红楼梦》图像二百四十幅，图中楼台殿阁、花木池塘，悉与原书关目吻合，惟妙惟肖。其篇幅大小如画报，而工细过之，且一图一幅，非若画报必须两半合成，尤为斟酌尽善。并请吴中名家阜长任君、山春沙君、海如林君、庆三徐君、咏之潘君，本馆主人亦附骥于后，各画册页一幅，公诸同好。按月以朔、望为期，每期《红楼梦》图四幅，册页六幅，定价洋一角。赵售照原价面议，远近如一。兹第一期准于七月朔日出书，请至本馆购阅可也。"版框外有原藏者毛笔写下的本期画图回目："托内兄如海荐西宾，接外甥贾母惜孤女"，"情切切良宵花解语，意绵绵晴日玉生香"，"附串龙灯图"。由此可知，这一套画图是每回两幅，印行并未按回目顺序，所以封面上要钤红印加以说明。

　　大约因几位吴中名家的绘画跟不上，前两号所附册页均不足六幅，第三号封套面上遂将"计图十幅，实洋一角"八字用蓝圈圈去，在天头上另钤红印"第三号起计图六幅，实洋六分"，所附册页减为二幅，此后且有仅附册页一幅的。据此，全套出齐，应为六十号，须两年半时间。此图谱面世后，估计迅速受到读者欢迎，所以第八号封套背面，不再印刷介绍文字，而简化为一枚黑色长方印，内楷书"苏州府西吏库陆宅发售"。第十三号发行适当光绪十五年（1889）春节，故以红纸印封套，并在天头上加印"恭贺新禧"四隶字。也是自此号起，背面黑印亦不再用。（图 ❸《石头记画谱》红封）

　　阿英先生在《漫谈红楼梦的插图与画册》中，曾提及他所看到的"王毅卿绘的《红楼梦写真》"，系"云声雨梦楼石印"，且以为出版时间在民国初年，则与此《石头记画谱》并非一事。苏州王稼句先生搜集《红楼梦》插图绘画数十种，亦未曾见到这一种。承他相告，西

图❸　《石头记画谱》红封

吏库在苏州城南十梓街附近，现已被拆毁，诗中有画馆主人则不得其详。此封套既为活字印刷，则画图也不无雕版印刷的可能。可惜所有画图全部被人抽出，无缘识庐山真面，只留此一段掌故供后人品说。

信封之内，除了信件，常常也会装入其他文件材料。如上海宏文书局自制封，信封上用毛笔写明"内合约一件／杨政知同志存"。此信应该是带交的，所以没有邮寄痕迹。这件合约尚在封内，是宏文书局代表人晏昌基与作家黎明一九五三年一月订立的《中国历史故事》出版合同，打字油印，由双方签名钤印，可以看出当时的著作权情况。有趣的是，页尾有晏昌基的毛笔批注："一九五五年度为专业分工起见，我局不再出版此书。关于本约第一条不适合，特注明如上。可由原著者转让其他专业者出版。"该约第一条是"本合约签订后关于本著作之出版权永为乙方所有"，现乙方不得不宣布放弃。合约期间《中国历史故事》第一、二册由宏文书局多次印刷，但此后确未见再印，原定一套四册的后两册也没见出版。只不知杨政知与黎明是什么关系。（图❹黎明出版合同及书影）

与信笺相类的杂纸，品类更多。如旧时篆刻家自制笺纸，以钤印蜕，装订成册，即为印谱。从民国年间"大石印课"和当代"王一羽印存"可见其形式。（图❺印笺两种）印蜕早已成为专项收藏，有些印蜕虽然钤在素纸上，同样足供把玩。如二十世纪八十年代第二次全国文物普查中，南京普查领导小组所用的四枚印拓："金陵文物之春""开创文物工作新局面""文物古迹普查纪念""南京市文物古迹普查领导小组赠"，各具韵味，应出于名家之手，同时也是一种文献资料。（图❻印蜕）这次文物普查的一个重大发现，是太平天国"旨准"本印，当时盖在太平天国出

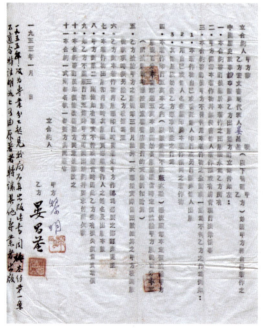

图4 黎明出版合同及书影

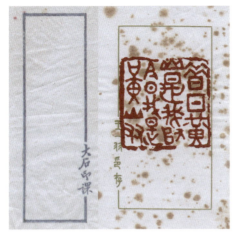

图❺ 印笺两种　　　　　　　　　　　　　　　图❻ 印蜕

图❼ 太平天国"旨准"木印拓本　　　图❽ 石城谜笺

版图书上，无此印者即为"妖书"。（图 ❼ 太平天国"旨准"木印拓本）又如南京秦淮灯会名动天下，相关的灯谜活动很兴盛，出现了多种形式的谜笺。当代谜笺虽以机制纸印刷，仍保持着传统谜笺的规范。（图 ❽ 石城谜笺）

再说涉及内山完造的一项资料。

笔者所得一批"上海日本近代科学图书馆"资料，是日本昭和十七至十九年间（1942—1944），若干书店向该馆领取售书款的"领收证"及所附售书目录。其中有日本东京银座审美书院、麻布区满蒙资料协会、神田区东亚政经社、京都市法藏馆、高松市四国古书通信社、大阪市丸善株式会社大阪支店和青年图书馆员联盟本部等，也有中国上海海宁路至诚堂新闻部、文路日本堂、福州路作者书社、北四川路三通书局及丰乐里金风社、黄埔路中部中国经济年报刊行会、四川路中国通信社、吴淞路朝阳里帝国地方行政学会上海出张所（按：办事处、联络处之义）等。最引人注目的是施高塔路十一号（北四川路底）的内山书店，其领收证多达四十八份，签收人有内山完造亲笔书写兼加盖朱文印章的（图 ❾ 内山完造签名），亦有钤印蓝色店名、人名章兼加盖朱文印章的。所附书目，有日文也有中文，现仅就中文书目略举数例：

昭和十七年（1942）十二月二十九日书目中，有《中国最近大事年表》《大东亚战史》《大东亚经济建设》《大东亚外交史的研究》《大东亚政治的构想》《大东亚皇化的理念》《"东亚共荣圈"建设问题》《大东亚战争与中国事变》等。昭和十八年（1943）四月八日书目中，有《上海史话》《中国地名辞典》《中国工商名鉴》《大东亚战日志》《大东亚资源大观》等。

图⑨ 内山完造签名

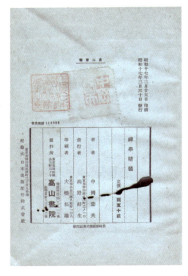

图⑩ 上海日本近代科学图书馆印

五月某日书目中有《中国省制全志》《中国矿业史》《中国陶瓷见闻录》等。九月十三日书目中，有《最新中国要览》《大陆日本的文化构想》等。十月二十二日书目中，有《日本必胜论》《中国的人的资源调查资料》等。

"上海日本近代科学图书馆"（图⑩上海日本近代科学图书馆印）的具体情况，柳和城先生曾在《上海滩》杂志上撰文介绍，说明其虽由日本各民间团体发起，但直属日本外务省文化事业部领导，名誉馆长船津辰一郎名为在华纺织同业会常务理事，实是扶植华北伪政权的关键人物，馆长上崎孝之助是前东京《朝日新闻》经济部次长，理事会成员都是上海日侨经济文化界头面人物。该馆一九三六年秋筹建，次年三月开馆，馆址设在四川路、福州路口的宏业大楼。"八一三事变"后，该馆急剧变质为日本文化侵略中心，大肆鼓吹日本侵华的"正当性"，自称该馆"作为以'中国重建'为前提的指导机关，必然成为指导中国大众的中心"。内山书店与该馆的交往，正在这一时期。

对于内山完造与内山书店，中国的读书人自然不会陌生。据说日本现在有专门研究内山的组织。曾读到国内出版的两种介绍内山完造生平的著作，对抗日战争期间内山完造的活动叙述得都相当简略。这里特别抄出一些书目，也是想为研究内山完造与内山书店的人们，提供一点新材料。

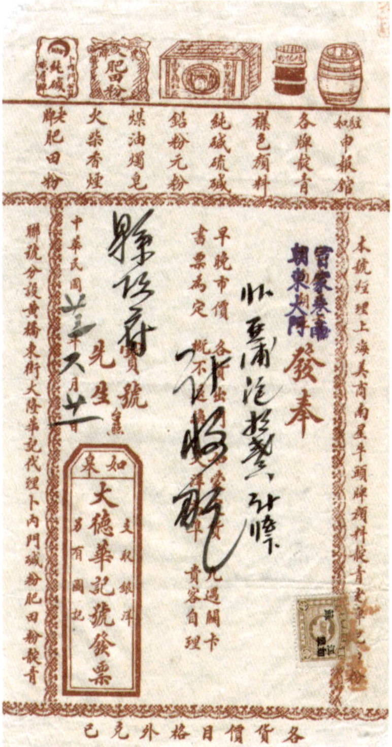

图⑪ 大德华记号发票

旧时以宣纸和毛边纸印制的发票，在形式上与笺纸相当接近，也同样用于人际往来。发票固然是一种经济史资料，可以看出当时的商品物价、流通情况，商家的责任与免责范围、自我宣传及商品广告，粘贴的税票关系，税务制度，等等。此外且有多方面的文化内涵，如发票上的用语，"发奉""宝号""贵客""台升"等，体现着商业礼仪。发票上多标示商铺地址，收集到一定数量，可以看出街市的繁华情况，也是一种城市史资料。货物价格常用暗码书写，可算一种文字史材料。（图 ⑪ 大德华记号发票、图 ⑫ 文华书纸号发票、图 ⑬ 永昌车行发票）二十世纪五十年代的新式发票上，则常可以看到加盖的政治宣传语，如长沙金星文具纸庄一九五三年十二月七日的发票页边，盖有"中国人民抗美援朝总会湖南省分会"的长方戳，中部有宣传标语章"抗美援朝保家卫国，反对美帝武装日本"。（图 ⑭ 长沙金星文具纸庄发票）最后，手工纸发票多以毛笔书写，有些商家的书法相当有功力，随手写下的发票便条，令人生惊艳之感。（图 ⑮ 手写发票两种）近年来，发票渐成为一种专项收藏，是有道理的。

图⑫ 文华书纸号发票

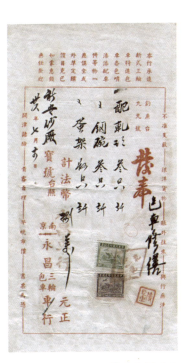

图⑬ 永昌车行发票

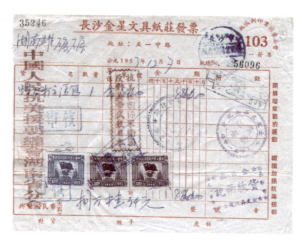

图⑭ 长沙金星文具纸庄发票

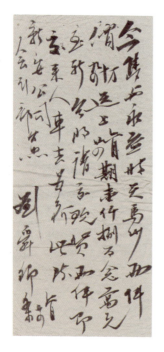

图⑮ 手写发票两种

214

图⑯ 阳翰笙题签

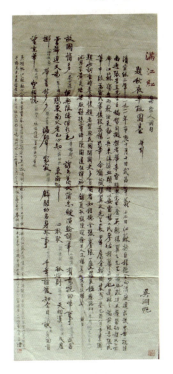

图⑰ 王进珊书吴湖帆词

书札之中，间或夹有名家书件小品，也是值得留心的。

天津人民出版社李福田致吴功正信中，夹有阳翰笙先生所题《沫若史剧研究》书名，用毛笔写在中国文学艺术界联合会信笺上。（图⑯ 阳翰笙题签）李氏在信中写道："阳翰老题字已到，你已有李一氓的题字，那么，就多了一个。我以为，可以一个放在封面，一个放在扉页，相得益彰，不知君意何如。阳翰老为史剧界前辈，又与郭老长期共事，多此一页，未必不好也。"但吴氏最后用了李一氓先生所题《沫若史剧论》为书名，该书次年由重庆出版社出版。

又曾于一堆杂信中，拣出王进珊录吴湖帆集宋人词句《满江红·题秋夜草书图卷》（图⑰ 王进珊书吴湖帆词），高九百八十毫米，宽四百一十毫米，词前有《小引》："清宣统三年一九一一年辛亥十月十日武昌举义，十二日江苏抚臣程德全向清庭进最后忠告一疏，请南通张季直先生主稿，帮同拟稿者华亭雷枢舆先生（奋）、吴县杨翼之先生（廷栋）也。疏进未获察纳，程氏即宣布江苏独立，而苏垣未动一兵、未流滴血，赖获以安，雷、杨二氏参佐程幕之功也。是疏之稿，前段为张氏笔，中段为雷氏笔，后段为杨氏笔，今犹藏杨翼之先生处，廿年属余补图，装成一卷。乙酉八月重画图，题此词。当时卷前后题者，皆与民国开国史多有关者，如程德全、张謇、张一麐、罗良鉴、应德门（朱应鹏兄之生父）、沈恩孚、黄炎培、梁启超、孙宝琦、陈陶遗、伍辉裕、单镇、夏敬观、陈琛、徐累人及杨翼之先生廷栋也。"这一段话虽作吴湖帆自述口气，但文字与通常所见吴氏小引出入甚大，所叙更为详明。因此图卷现藏中国台北历史博物馆，世人难得一见，故亦不敢妄断哪一种更为准确，谨抄录以并存。又"清庭"当作"清廷"，然南社诸人多如此写，且爱以"南社"对"清庭"。其抄录吴词时，将所集词句原作者以括号蓝字标出，以便于国学功力不逮的今人了解。

王进珊早年参加北伐，抗战初曾主持江苏省反日救国会，后赴重庆。抗战胜利后主编《申报》副刊《春秋》和《文学》，能书画，善文章，以教职终老，著有《王进珊选集》三卷等。

最耐把玩的，是一九九七年夏所得张充和先生书《望江南》词五阕，（图 ⑱ 张充和书笺）每首后皆有小字夹注：

"凤凰好，山水乐无涯。文藻风流足千古，苗家人是一枝花，此处最宜家。"注："苗裔陈满妹殷殷相待。"

"凤凰好，老幼喜洋洋。莫道物华今胜古，古城中有古心肠，此处最难忘。"注："陈义经先生云此间物质条件尚差，故有是作。"

"凤凰好，主雅客心宽。湘黔康道黄泥坂，迎送殷勤山外山，苗曲

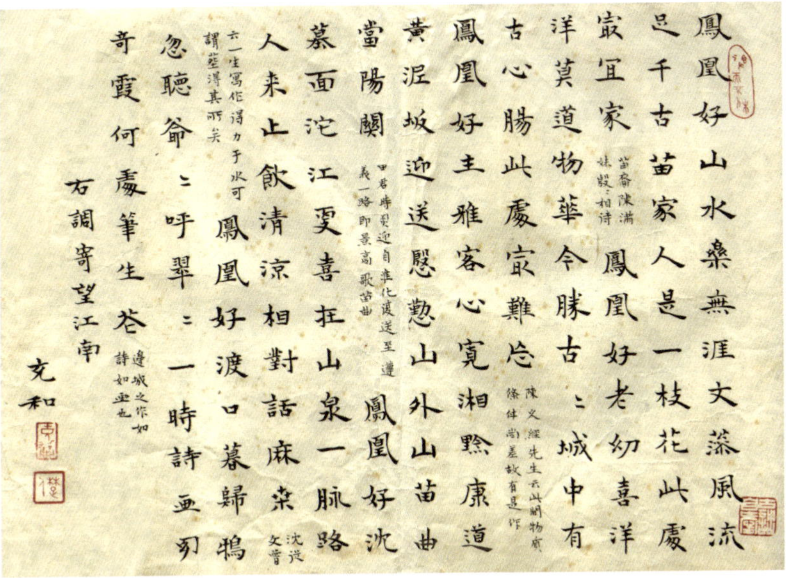

鳳凰好，山水桑無涯，文藻風流總千古苗家。人是一枝花此慶宸宜家。

古心腸此慶宸心寬湘黔康道洋莫道物華令朕古之城中有

鳳凰好，主雅客心寬湘黔康道黃泥城迎送懇懇山外山苗曲當陽關

慕面沱江更喜在山泉一脈，路人來止飲清涼，相對話麻桑

鳳凰好，渡口暮歸鴉。忽聽爺爺呼翠翠，一時詩畫幻奇霞，何處筆生花

右調寄望江南　充和

图18　张充和书笺

当阳关。"注："田君时烈迎自淮化，复送至遵义，一路即景高歌苗曲。"

"凤凰好，沈墓面沱江。更喜在山泉一脉，路人来止饮清凉，相对话麻桑。"注："沈从文曾云一生写作得力于水，可谓葬得其所矣。"

"凤凰好，渡口暮归鸦。忽听爷爷呼翠翠，一时诗画幻奇霞，何处笔生花。"注："边城之作，如诗如画也。"

后标"右调寄望江南"，署"充和"，钤"充和""楚人"两印。篇首钤闲章两枚，上方为"望而不休"，下方是"古调自爱"，都有与"望江南"相呼应之意。书幅高三百毫米，宽四百二十毫米，系沈从文先生辞世归葬湘西之后，张充和先生专程前往扫墓时所作。其书法深得晋唐楷书之

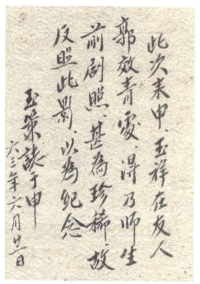

图⑲ 高庆奎剧照（正、背）

三昧，雅秀俊逸。字里行间，恍惚可见沈从文先生笔下的湘西情韵，可谓无限风流一纸间。按，沈从文先生有一兄弟定居南京，所以此件会流入南京冷摊。

信件之中夹有照片是常事，有些且有特殊的纪念意义，如高庆奎扮黄忠剧照，背面有费玉策题跋："此次来申，玉祥在友人郭效青处，得乃师生前剧照，甚为珍稀，故反（翻）照此影，以为纪念。玉策志于申，六三年六月廿二日。"正面相纸框上，又有王琴生题词："庆老是当年须生中三大贤之一，其艺术成就是我们后辈学习榜样。此次沪上演出，得黄忠剧照，乃罕见珍幅，可使我们为永久纪念。琴生于申，六三、六、廿

218

三。"（图 ⑲ 高庆奎剧照正、背）按，高庆奎生于一八九〇年，十二岁为谭鑫培配戏，一九一九年随梅兰芳赴日本演出，自成一家，人称"高派"，与余叔岩、马连良齐名，被誉为"须生三大贤"。费玉策生于一九一九年，曾先后随童芷苓、李宗义、高盛麟（高庆奎之子）等演出，一九五九年加入江苏省京剧团。王琴生生于一九一三年，一九三六年拜谭小培为师，后常与梅兰芳、尚小云、荀慧生、筱翠花、金少山等合作演出，一九六〇年任江苏省京剧团副团长。郭效青与荀慧生、程砚秋同为王瑶卿弟子，曾与高庆奎演《战蒲关》，后加入梅兰芳剧团。此照片虽系上海大东艺术照相翻拍，亦牵出菊坛一段掌故，足供把玩。

后／记

这本《笺事：花笺信札及其他》，二〇一〇年曾用《片纸闲墨》的书名，由百花文艺出版社出版。旧版还有一组文章，介绍寒舍所藏晚清花笺书信所关涉的社会背景与人物故事，虽然不失为有意义的文化史料，但与花笺、书信文化及相类纸品收藏，已属两个主题。所以这次再版，决心将那一部分删去，以使全书主旨更为鲜明。

近十年来读书与实践，积有心得，也让我认识到原书的不足之处。借此重版之机，遂作认真修订，补充新知，所以文字篇幅虽有缩减，介绍的纸品种类反有增加，内容更为充实。书中插配的图片，随之做了相应调整，补充、调换新图逾七十幅。原有图片效果不佳的也都重新扫描、拍照，图幅放大，力求达到欣赏与阅读的最佳效果。

近年来，纸品收藏日趋兴盛，花笺、信札固是其中的重点，其审美价值与文化价值都得到社会的高度关注。影印名家书札、花笺图案的出版物不胜枚举，但往往重图而轻文字，更遑论追源析流。与《书事：近现代版本杂谈》一样，本书尝试以全面、系统、准确的阐释，让广大读者对此多一些了解，也能给收藏爱好者多一些启示。